U0010913

背包客旅館

BACKPACKER

合著◎太雅旅遊作家群

太雅出版社

CONTENTS

05 背包客放膽闖天下

06 看門面真的不準
08 旅館房間大公開
09 住好住壞差很大
10 背包友情一生一次
12 各式各樣的交誼廳
13 大家都這樣曬衣服
14 這樣住更貼近大地
15 窗外有藍天
16 窮困背包一整個慘

17 背包客住遍全世界

背包客
蔣文欣
的

18 巧手阿姨的賺錢絕招
21 半夜的一場火災
25 你可以睡在我旁邊
28 看遍網路也看不出的鬼壓床事件

背包客
非洲小菜
的

31 非洲小菜的忠告之看完房間再付錢

背包客
曾柏翰
的

36 乞丐也上YH喝紅酒
39 我遇上了豪放女室友
42 裸體娃娃的震撼教育
46 遇見奧客室友
49 住宿中的千奇百怪鮮體驗
52 怪旅館裡的怪室友
55 愛與微笑是世界語言
58 背包旅館趣事多

背包客
廖宗軒
的

61 神奇旅程之不可能的任務

背包客
Ada
的

66 學會拒絕的勇氣
69 瘋狂熱血的美瑛日出

背包客
涂修全
的

73 寒風下的溫暖飯糰
76 再多的安排不如偶然的巧遇
80 抽到上上籤的背包客別墅
84 雪地露營之身心煎熬記
88 850日圓的流浪漢旅館
92 交朋友比手畫腳嘛ㄟ通

背包客
英倫懶骨頭
的

95 恐怖旅館皮皮挫驚魂夜
100 下功夫找便宜還是有好貨

背包客
Mike
的

104 騙吃騙喝的英國夫婦
107 擾人清夢的三張嘴
109 禁地偷露營之越夜越「風」狂

背包客
夾腳拖鞋
的

112 中國人VS.日本人
116 無敵青春活力旅館
121 北京老胡同裡的青年旅舍

背包客
蕭敏玲
的

125 湖區求援奇遇記

背包客
余信儀
的

131 澳洲城市的日本風情
134 不會吧！我住到了男女混宿房
137 生平最熱與最冷清的聖誕節
140 澳洲大螞蟻是個狠角色
144 現代PK古典的人氣旅館
148 充滿野生動物的農場石屋
152 邦代海灘的四人房

背包客
陳伊寧
的
156 沙發衝浪初體驗看人裸泳&偷採果
159 遇上慈善家包吃包住上天堂

背包客
李宗陽
的
163 打破留學生宿舍的尷尬

背包客
姚筱涵
的
167 羅馬便宜住宿的雙重打擊

背包客
黃之琦
的
170 想罵老外要先學好英文
173 遇上隨性又熱情的希臘老闆

背包客
Ricky
的
176 鬼影幢幢的摩洛哥民宿
180 像難民營的背包旅館

背包客
Maggie
的
183 你願意嫁給我嗎
186 遇上型男,羅馬豔遇記
190 打開心世界大不同
194 驚!靈異奈良民宿

197 當個聰明的背包客

198 你要知道的背包客旅館16問
205 一定要懂的背包客旅館密碼

背包客放膽
闖天下

看門面真的不準

❶ 以為山裡的民宅不怎樣，沒想到竟然是別墅ㄟ。(圖片提供 / 涂修全)

❷ 英國湖區的B&B，門面看起來不錯。(圖片提供 / 戚榮鳳)

❸ 看了就想住下來，住了就想逃出去之S旅館。(圖片提供 / 王之義)

❹ 這家民宿很有味道吧！聰明的房東懂得利用Fox Wood的大兔子，放在窗邊招引遊客。(圖片提供 / 戚榮鳳)

❺ 世外桃源般的青年旅館，一片大草原真是遼闊舒適啊！(圖片提供 / 戚榮鳳)

⑥ 捷克Cesky Krumlov的Hostel Merlin，看起來就像卡通裡面的房子。(圖片提供／陳伊寧)

⑦ 像歐洲校園的建築，其實是英國的民宿。(圖片提供／吳靜雯)

⑧ 波蘭北邊Leba的民宿，外觀看來很像度假別墅。(圖片提供／陳伊寧)

⑨ 倫敦的民宿，外型實在很像有錢人家的豪宅。(圖片提供／戚榮鳳)

⑩ 立陶宛首都Vilnius的Hostel Florens，隱身在老舊建築物的內院裡。(圖片提供／陳伊寧)

旅館房間大公開

❶ 上下舖一人一張床，先到先選位置。(圖片提供／蔣文欣)

❷ 邦黛海灘四人房，床好窄啊！(圖片提供／余信儀)

❸ 床位的空間很小，睡下舖的人很容易撞到頭。
   (圖片提供／曾和翔)

❹ 房間裡有衣櫃和桌子，頗像學生宿舍的樣子。
   (圖片提供／楊若蘭)

❺ 橫七豎八，只要有空間就放床的十人房。(圖片提供／余信儀)

❻ 邦戴海灘背包客旅館房間我寫東西的地方。
   (圖片提供／余信儀)

住好住壞差很大

❶ 窮背包客的便宜住宿就要忍受這種凌亂。(圖片提供 / 吳靜雯)

❷ 波蘭Bukowina的Willa Alta民宿，這樣的雙人房居然不到40歐元，太划算！(圖片提供 / 陳伊寧)

❸ 波蘭Bukowina的Willa Alta超溫馨民宿，高貴不貴。(圖片提供 / 陳伊寧)

❹ 英國湖區Winermere的民宿，待在裡面享受浪漫氣氛，簡直不想外出旅行了。(圖片提供 / 戚鶯鳳)

❺ 房間雖然便宜，但小的像住牢房。(圖片提供 / 涂修全)

❻ 便宜的別墅還有超大電視螢幕可使用，我真Lucky啊！(圖片提供 / 涂修全)

9

背包友情一生一次

❶ 痛快的喝，歡樂的唱，不需要太多語言也能溝通。
(圖片提供／涂修全)

❷ 用完早餐後，熱情的奧地利房東太太偷親我。(圖片
提供／戚縈鳳)

❸ 認識了和我一樣是單車同好的夫婦，可以分享彼此
的旅程。(圖片提供／涂修全)

❹ 帶我們遊山玩水的法國太太和她的德國老公。(圖片
提供／戚縈鳳)

❺ 背包客的友情就像這樣好聚好散，短暫的歡樂，卻
是永恆的回憶。(圖片提供／Yellow House Hotel)

⑥ 大家能歡樂的聚在一起用餐，都是一種緣份。(圖片提供 / Yellow House Hotel)

⑦ 遇上好的民宿主人可以為背包客孤獨的旅程帶來溫馨。(圖片提供 / 曾柏翰)

⑧ 在青年旅館認識了這兩位來自倫敦的女學生。(圖片提供 / 戚榮鳳)

⑨ 旅行中能認識世界各國的年輕朋友，真是一件充滿活力的事情。(圖片提供 / 李宗陽)

⑩ 很會「交關」的狗，能為民宿加分不少。(圖片提供 / 英倫懶骨頭)

各式各樣的交誼廳

❶ 波蘭Bukowina的Willa Alta溫馨民宿，還有戶外沙發可觀賞風景。(圖片提供 / 陳伊寧)

❷ 看起來像Pub，又像特殊主題餐廳的交誼廳。(圖片提供 / 吳靜雯)

❸ 圖書室裡放滿了各種書籍，也是背包住客放鬆心情的地方。(圖片提供 / 吳靜雯)

❹ 青年旅館的戶外聯誼處，可以享受大自然風景。(圖片提供 / 戚縈鳳)

❺ 匈牙利首都布達佩斯的Hostel broadway，大樓內院就是簡單的交誼廳。(圖片提供 / 陳伊寧)

❻ 波蘭Krakow的Hostel AQQ，有設備齊全的廚房任君使用。(圖片提供 / 陳伊寧)

大家都這樣曬衣服

❶ 旅人的隨身衣物就這樣高掛在外，像是萬國國旗。
(圖片提供 / 夾腳拖鞋)

❷ 山上木屋的曬衣服方法，直接了當。(圖片提供 / 戚
榮鳳)

❸ 旅館提供了貼心方便的曬衣架，這樣就不用在房間
裡隨便掛了。(圖片提供 / 黃之琦)

❹ 雖是法國百年古厝，但是我衣服還是這麼給晾著。
(圖片提供 / 戚榮鳳)

❺ 趁陽光大好的時候，趕緊曬衣服，同時研究下個行
程的路線。(圖片提供 / 陳亦伸)

❻ 氣候太乾燥，這樣曬衣服很快就乾了。(圖片提供 /
陳伊寧)

13

這樣住更貼近大地

❶ 荷蘭人就愛省錢，加上熱愛大自然，想當然爾選擇露營。一家人開著露營車趴趴走，寵物也跟著隨行，所有的用具一次備齊帶出門，活像個行動旅館。(圖片提供／陳亦伸)

❷ 雪地露營的方式很殘酷，一定要選好位置，否則可能整晚凍未條。(圖片提供／涂修全)

❸ 以騎腳踏車和露營的方式旅行最能貼近大自然。(圖片提供／陳亦伸)

❹ 在河邊露營還能享受垂釣的樂趣。(圖片提供／陳亦伸)

❺ 不管是旅行或演唱會、派對開場前漏夜排隊，露營都是最受荷蘭年輕人喜愛的露宿方式。(圖片提供／陳亦伸)

窗 外 有 藍 天

❶ 走廊窗外的景色,有如格林童話故事般的場景,置身其中怎能不感動。(圖片提供 / 李宗陽)

❷ 從屋頂俯瞰熱納亞的街景。(圖片提供 / 陳伊寧)

❸ 從旅館眺望出去是Positano湛藍的海岸。(圖片提供 / 戚縈鳳)

❹ 美麗耀眼的Positano海岸另一面的樣子。(圖片提供 / 戚縈鳳)

❺ 海德堡是公認全德國最美麗的城市,其魅力的確令人駐足許久。(圖片提供 / 李宗陽)

❻ 邦代海灘背包客旅館房間望出去的風景。(圖片提供 / 余信儀)

窮困背包一整個慘

❶ 三天用腳逛遍匈牙利首都布達佩斯，下場是腳趾甲翻掉。(圖片提供 / 陳伊寧)

❷ 睡帳篷遇到狂風吹襲，一點安全感都沒有，很像災難現場。(圖片提供 / 陳亦伸)

❸ 十人房住到滿就這種景象，連走路都要跳著走，免得踩壞別人家當。(圖片提供 / 余信儀)

❹ 啥米！還要這樣過河才能抵達，黃沙滾滾，千萬別摔個四腳朝天。(圖片提供 / Ricky)

❺ 坐火車去義大利西恩那參加賽馬節，遇到當地人說從沒發生過的火車大拋錨，全車旅客在某小鎮被趕下車。(圖片提供 / 陳伊寧)

❻ 今夜的晚餐：泡麵、水果與吃不完的剉冰。
  (圖片提供 / 涂修全)

背包客住遍
全世界

BACKPACKER

蔣文欣 Shin

從事美術設計，海外的足跡目前只有日本與紐西蘭，每次旅行總會引發驚天動地的事件，算是擁有吸引災難的特質。對旅行的嚮往是與當地人譜出可歌可泣的故事，並且透過文化衝擊擴大自己的世界。

巧手阿姨的**賺錢絕招**

　　來自南美洲一座幾近是純天然島嶼的年輕阿姨，硬是拜託才剛滿十八歲頭一回出國的小姪女，陪她一起來紐西蘭實現「能說流利英文」的夢想。

　　阿姨每天晚上都會把全部的行李拿出來攤平整理，再一件一件地放回去。剛開始會把東西摺好收好，並一邊告訴我這些東西的故事，到後來發現時間太晚了，就會直接一古腦兒地把剩下的東西全塞進去，所以即使這個鮮紅色正方形超大行李箱的長寬各是一百公分，容量是一般背包客的四倍，即便她每天整理，這只行李箱仍然始終爆滿。

左邊是年輕活力的阿姨，右邊是剛滿18歲的姪女。

在她整理行李的時候，小姪女會翻開從家鄉帶來的書，書裡頭有許多照片，照片中的島嶼像是沒有文明痕跡、人煙杳至的仙境，小姪女指著照片說，那就是她家鄉的村子，距離她家到照片中的景觀，只需要半小時。紐西蘭對我們來說，是「天然無污染」的代名詞，但是對小姪女來說，居然是太過文明、都市氣息很重、很不習慣。家鄉的島雖然不大，但是沒有污染，她說她就是每天看這本書來解鄉愁，她還問我有沒有台灣的照片。

她們兩人在大學附設的英語班上課半年，另外再預留一個月時間用來純旅遊玩樂。這位阿姨每天都很開心地跟青年旅館裡的人聊天，幾乎看不到她靜下來的時刻。她說，在她的家鄉，沒有很好的工作機會，所以要存錢出國，是一件大事，因此她必須把握這次的機會，因為對她來說，很有可能只有這一次機會。

她是個業餘藝術家，生活中有很多東西都是自己製作，她很喜歡顏色鮮豔、鮮花圖案的飄逸洋裝，她還把洋裝秀給我看，說是要穿這個尋找豔遇（不過，當時剛好要開始進入冬季，想穿這麼涼爽的洋裝找豔遇……嗯……只能說祝她好運……）。

在青年旅館，大家除了交換旅遊的快樂與新奇之外，還會

交換省錢的撇步。沒有領到打工簽證的我們，總是會想各種「節流」的方法，但是阿姨卻很有創意地找到「開源」的財路。

原本在家鄉就有編織毛線的好手藝，除了速度快，大膽熱情的配色風格也和她本人個性一樣搶眼。她總會利用晚上和大家在交誼廳搏感情的時間，嘴巴聊著，手也沒閒著，每天都編織出好幾條南美風格的圍巾。隔天上午，趁著大家都出來Check in或Check out，也有人會在櫃台附近找尋今日活動，在人潮進進出出的時候出來兜售。紐西蘭的冬天，可以不需要雪衣，但是圍巾是重點！阿姨每天的貨都能售完，所以每天都為自己賺進飽飽的旅費！

旅遊趣聞

　也有旅客會當起臨時的街頭藝人，只要投入一元硬幣，就會滑稽地載歌載舞，一元硬幣買一首歌曲的表演，等於是活人點唱機。

半夜的一場火災

凌晨，火警大作！

慌忙之中，我拎起裡頭只有房間鑰匙和錢包的外套，和同寢室的兩位加拿大女孩往外跑，心裡只有「逃命要緊」！住在五樓的我們，放棄行李、捨棄電梯，在煙霧中找到角落處的安全門，一起鑽進狹窄陰暗昏黃的安全梯，一路向下逃命般狂奔，猶如驚悚電影再現！

好不容易找到隱匿的出口，一開門，直通大街上。啥米！我們是第一組逃生的人？這下，連使用英文作為母語的室友都疑惑自己是不是聽錯警報⋯⋯

就在幾秒後，一對神情謹慎，看起來像是時常進行冒險活動的白人夫婦也空著手逃出來，我們五人面面相覷，在街上等了大約三分鐘，其他房客才漸漸出現，有人從電梯裡慢條斯理出來，有人拖著大行李箱，也有人像是要看好戲，愉快地蹦蹦跳跳走出來，還有人就像冒險電影裡的丑角，驚慌又遲鈍地穿著睡衣跑下來。隨著警報器繼續響個不停，聚在旅館門口的房客也越來越多。路人經過，還問我們在等什麼。

半小時之後，奧克蘭的消防隊到了，經過初步了解，可能是有房客在室內偷吸菸，大概燒到棉被，所以才會煙霧瀰漫，因此觸動警鈴，總之是虛驚一場。消防人員確認沒問題之後，讓房客互相通知可以回房休息，我和室友坐在廳裡，

納悶著整個過程都沒有任何旅館的值班人員出來處理。

回房稍作休息後驚覺，我的房間鑰匙不見了！

我跑到大街上、安全梯內來回尋找，就是沒找到，等我再回去時，室友兩人已經踏上旅程，而我被鎖在門外⋯⋯

我等到櫃台有人值班，向她告知昨晚的火警，並希望借備用鑰匙，或是請她陪我到房間開門拿出行李。但是值班的「臭臉小姐」態度很冷漠，雖然櫃台有其他人一起值班，但她不肯出借也不肯移動，最後要求我另外付一筆押金，才出借鑰匙。

退房時，押金突然被旅館沒收，我疑惑地問臭臉小姐，她說因為我沒有歸還最初的那把鑰匙，所以要沒收押金。我向她解釋說，鑰匙是在火警疏散的過程中遺失，是個不尋常的意外事故，不應該要求我賠償，臭臉小姐仍然堅持要賠償。

重點來了！她竟然還說，我有可能是把鑰匙交給外人，這樣其他人就能不經過櫃台，直接偷溜進去住房。她竟然說出這種誣賴、侮辱人的話，這可馬上挑斷我的神經，還好，還有幾根是連著的⋯⋯我繼續耐心解釋說，絕對不可能交給外人，是在

我們在五樓的房間，整起爭執就是因為床上那把小小的鑰匙引起的。

火警疏散時遺失的，請她退還我押金。

「好，就算是火警，可是其他房客都沒有遺失鑰匙啊（所以你還是得賠償我們全額的押金）！」僵持很久，臭臉小姐終於說出這句不客氣的話。

你真的把我惹毛了

啪噠！啪噠！我聽到情緒神經全斷的聲音，我不再是溫柔客氣的亞洲人，就是要據理力爭。我冷硬又強烈地說：「喔，是這樣啊，那別的旅館，昨天晚上也都沒有發生火警啊！我之前住的旅館也都很安全，都沒有發生火災，怎麼只有你們這間旅館發生火災，是不是你們的旅館有問題？」

這下，她說不出話來了，臉更臭，眼睛厭惡地死瞪著我。

我繼續說：「OK，鑰匙在火警疏散中遺失，我必須負擔一部分的保管責任，但不是全部。而因為是你們的火警問題，導致我們必須在凌晨受到驚嚇、疏散逃生，你們全程沒有任何人員進行疏散引導，也沒有任何事後的說明與道歉。我可以給付我所負擔的部分保管費用，也就是部分的住房押金，但不是全額，而且，我也同樣必須要求你們旅館方面給予我們房客賠償。」

臭臉小姐傻在那邊說不出話來，假裝忙碌與忽視，跑去幫

其他櫃台小姐。我先是錯愕一下，喊她幾聲，還是不理我，我就呼叫其他櫃台人員，來了個臉不臭的小姐。

臉不臭小姐果然比較好講話，雖然仍然要求我要為遺失鑰匙而賠償部分押金，但是態度就溫柔些，並且也為火警表達一點個人的歉意。

我說：「沒關係，這事情分開來處理，我支付部分押金作為保管賠償，但是旅館要另外支付我火警疏散的精神賠償。」臉不臭小姐覺得有理，就和臭臉小姐討論，但是兩人的臉卻一直垮下來。

我想，兩人都只是櫃台人員，應該不能決定什麼吧，就叫晌站在櫃台後頭，看起來像是小組長的男性，我問他：「請問，你們經理在嗎？」

我再次重複事情始末，並強調，我要為在意外中遺失鑰匙而負責，旅館也要為火警疏散的疏漏而負責。這位男性大概一聽就知道利害關係的輕重，不管臭臉小姐的堅持，要她們把押金退還給我，兩位櫃台小姐終於就此妥協！

我總算扳回一成勝利，只是，臭臉小姐的臉，更臭了！

妳可以睡在我旁邊

　　住在威靈頓將近一個月，我、日本女室友、已經四十多歲的男性房東，三人同時經歷生命中一些難過與特別的時光。我們都狠狠地失戀，因此彼此之間有一種革命同胞的情誼，想要幫助對方能夠積極度過。房東每個週末都帶我們出去玩，去看魔戒導演——彼得·傑克森的家、去看電影《大金剛》的道具場景、去爬山、去海邊、看電影、去逛市府廣場、和他的小狗一起去大草原上人狗訓練課程、去超市大肆採購、打撞球……甚至，還載我們進行一趟「哈雷重機車兜風之日」。而我們也陪房東出席他的前女友也可能會出席的社區復古舞會，那是一段可以拍成勵志電影的時光啊！

左邊是房東，右邊是日本室友，我們在市府廣場上模仿偉人雕像的手勢。

房東騎哈雷重機車，載我沿海岸公路兜風，並在海岸邊的陽光咖啡座裡請我吃冰，他還半開玩笑的說，這算是我們兩人的約會。

也許是因為幾次在撞球桌旁的對話，房東都有點深受感動的模樣，後來我幫他整理玻璃櫃裡滿滿的哈雷車隊戰利品，讓它們看起來像是個收藏豐富的展示櫃。他回家後又驚訝又感動，還帶我去見他住在附近的父母，又帶我去參觀他工作的地方。

某天夜裡，房東突然問睡在客廳的我（因為客房太冷了，溼冷空氣都凍到骨頭裡去，所以我自願睡客廳的沙發），會不會太冷，要不要睡他的房間，他可以把房間讓給我睡。我天真地以為他是真的要和我換地方睡，有點想同意，但是又覺得這樣會對房東不好意思，有得寸進尺的感覺，就婉拒了他。

伊伊喔喔～房間裡的解放聲是一整個驚嚇

幾分鐘之後，房東換好睡衣，半裸地走出來，再次問我要不要睡他的房間，比較暖和。我還是傻傻地沒聽出來，閃爍著無辜天真的表情，雙眼巴眨巴眨地一直跟他道謝，仍然選擇婉拒（因為我實在有點怕麻煩，好不容易把沙發和毛毯都溫熱了，這時候再換床很沒意義，我根本不想離開已經暖和的被窩……）。

僵持到最後，是他說出了破綻的一句話「你可以睡在我的

「食，色，性也」仍是人類千古不變的生物本能，
婉拒一夜情與懷孕風險，保護自己為第一優先。

旁邊」，我這才瞪大眼睛，僵住！我……似乎……懂了……！

　　但是心裡多少還是有些不確定，怕會不會平白誤會房東，所以我睜大眼睛翻來覆去睡不著，大約半個多小時之後，從房東房間裡，傳來「解放的怪聲」，才確定，原來真的是這麼回事啊！

　　還好，房東算是個性格爽快的人，隔天見面一直到我離開之前，都沒有因此刁難過我。我要換下一個旅遊點之前，我們三人還辦了小小的歡送會，他送我一條項鍊，很浪漫地對我說：「我是第一個送你項鍊的男人，希望你會記得我。」

　　隔天，他開車送我去車站，也寫了一張卡片送我，這算是個很溫馨又好笑的相遇。

看起來木訥老實的房東，其實個性陽光又外向，他自己也曾在30歲時長期四處旅行，我們住的房子，還是他和前女友兩人自己親手搭建的。

看遍網路也看不出的
鬼壓床事件

（為了避免有醜化該地與該旅館之嫌，所以旅館和半島名稱⋯⋯消音⋯⋯）

「英國旅館有鬼的會多加五十英鎊」，這已經是個流傳很久的笑話，但其實在外面除了東南亞、日本、中國等地偶爾會傳出背包客的靈異經驗，白人西方世界好像很少傳出這樣的消息。我納悶是因為活人的風俗民情不同，所以連鬼魂的生存形態也不同嗎？

在紐西蘭北邊半島的悠閒小鎮，因為班車實在很少，所以到達該地時，天已經半黑，加上雲層又低又厚，看起來就是悶悶不樂的氣候。

司機很熱心，和稀少的住戶們也似乎很熟，下車不是看站牌，而是看你要去誰家、去哪間民宿，他就直接開到住戶或民宿的門口。

即將開往終站，司機看一看，車上只剩下我，問我今晚要住哪？我說還沒找到，想去鎮中心附近找。司機告訴我，鎮中心附近會找不到的，馬上要天黑，一個人拖行李在外頭不太好，會沒地方睡，我

房間前面木造陽台角落的休息空間，大家可以聚在這裡聊天。

國外也有靈異鬼壓床，如果覺得氣氛怪異就要警覺閃人。

就在他的建議下，進入了BBH系統的民宿（紐西蘭的民宿分成兩大系統：YHA和BBH，特色和經營風格各自不同）。

剛走進這間裝潢溫馨的BBH，只覺得有股低氣壓的沈悶，還有強烈的不安，這種氣氛與眼前充滿花草裝飾的旅館不太協調。幸好晚餐的時候，漸漸有其他背包客出來交誼聊天，我稍微安心一點，至少不是單獨一人，但是那股不安的沈悶還是存在。

遇上這種事，房間再漂亮也沒用

因為昨晚搭顛簸的長途火車，凌晨才到大城市，只好在街上等待天亮，又因為語言上的誤差，錯過了一大清早的唯一班車。到達這座半島之前還遇到幾次很累人的波折，折騰到此已經很疲倦，所以，晚餐過後，簡單沖個澡就睡了。因為仍然感到一股害怕的感覺，所以我不顧禮貌與節約的美德，開著一整晚的燈光入睡。

這裡的房間打掃得很乾淨，加大的白色床鋪很柔軟舒服，可以攤開全身放鬆休息。房間的門設計成一對大落地窗，透過房門的玻璃，可以看見房間外的木造前廊陽台，每一組陽台都有不同的裝飾主題，是個讓人感到閒適的空間。儘管如此，我仍然發生「鬼壓床」事件……

隔天早上我才發現，房間門口處掛著藝術壁畫，畫面上有隻超大比例的怪魚在湖裡游泳，畫面本身就透著超現實的詭異氣氛。

非常典型的，身體無法動彈，聽得到外頭的聲音，知道天亮了，就是全身被壓制得無法動彈，連發出聲音都很困難。最後，實在太過恐懼，我用盡全力大叫給自己聽。即使發出來的聲音非常微小，和我的用力程度是幾乎相反的，但是總算讓自己聽到自己的叫聲，同時，全身突然可以動彈了。

只是醒來後，很多地方都不自然地強烈疼痛，我有點嚇到，還沒等到用餐時間，就趕快把東西收拾收拾，餓著肚子閃人啦……

而且，微妙的是，在這座小鎮上，遇到如此類似鬼壓床的狀況，有三次，分別在不同的住處。也許是巧合，不過，有時還是不要太不信邪，尤其到了人煙稀少或是鬼怪傳說比較多的小鎮上，還是保持敏感一點的警覺心，旅程會比較愉快安全一些。

旅遊趣聞　　平常在國內就容易有奇異經驗的人，一旦出門在外，可以帶些外國信仰中的辟邪物品，也可以再多帶一些中國的驅邪物品，因為據說，部分外國靈魂會因為沒有看過這種物品，反而能比較有效地讓他們暫時遠離。

非洲小菜

5年級最後一班，去過德
國、瑞士、美國與新加坡
的青年旅館，也住過日
本、泰國的頂級豪華旅
館，所以應該是天堂地獄
都去過。在旅遊雜誌做過
幾年，目前為理財雜誌行
銷企劃。

非洲小菜的忠告之
看完房間再付錢

我這個人很Lucky喔，人生第一次出國就是去
德國還有瑞士，在歐洲的那兩個星期，我跟朋
友就是住青年旅館。歐洲的Youth Hotel有分星
等，美好的回憶讓我念念不忘。

隔了N年，終於又有機會去住青年旅館。2007
年因為要在新加坡待上兩星期，於是訂了當地
的YH，準備重溫舊夢。網路上資料顯示，這間
旅館風評非常好，又近市中心，簡直是夢幻級
的背包客旅館。

就叫它「S旅館」吧！兩層樓的老
建築充滿異國風情，讓人期待。

Check in前，我要求先看房間，
工作人員說沒問題，但要先付錢。
於是我很豪邁的付了兩星期的錢
（現金），工作人員手忙腳亂了一
會後，帶我上樓看房間。

看了就想住下來，
住了就想逃出去之S旅館外觀。

重現戰亂場景，難到我是郝思嘉？

一上樓，全都是上下鋪的設計，男女混住型的大通鋪，床框上都用白紗遮起來，這種場景很像是戰爭片中的醫院，暗暗的也沒有冷氣(驚)！更嚇人的是，每一個能放床的地方都擺得滿滿的，連陽台也是！外推的陽台放了幾張床墊，還有公用浴室的出口也放了一張床，是在逃難嗎？每走一步路，就愈舉步維艱啊！工作人員看我臉色不太對，輕輕咳了一下，問我OK嗎？本人面無表情眼光呆滯，走下樓，整個人彷彿墜入谷底，難道未來這兩週我都得住這嗎？

於是我跟這位女生說我不想住，請她退錢。沒想到她說抱歉喔，我們沒辦法退錢耶！啥米！？非洲小茱再次跌入谷底，而且是被卡車一頭撞下山谷的感覺！她面有難色的說因為我已經Check in了所以不能退！哇咧，剛剛明明就是妳說要先付錢才能看房間的耶！她感受到我的嗓門愈來愈大，於是撥了電話說要找人來跟我溝通一下。火速跑來了個男生，留著長髮，會說中文。我告訴他我不想住在這，他問為什麼呢？我說我有要求，先看房間再決定，但那根本不是房間

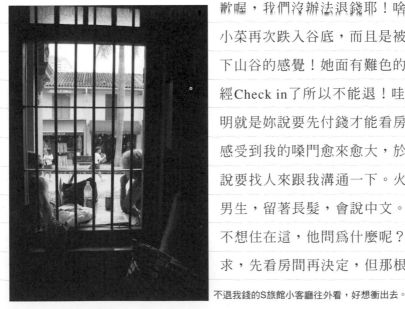

不退我錢的S旅館小客廳往外看，好想衝出去。

啊！那是個Super大通鋪，You know？我沒辦法接受。

　　他人不錯，馬上打了電話跟老闆請示，講了很久終於告訴我，老闆願意退一半。雖然當下還是不開心，因為新加坡非常重視觀光客，也有專為觀光客所設的客訴服務，一旦被觀光局關切，我看他生意怎麼做！但看在錢的份上，還是等我找到其它地方再來客訴！

　　狀況又來了。保險箱塞不進我的筆電，怎麼辦？工作人員說可寄放在櫃台，但他們八點就下班，所以我得在八點前回來跟他們拿。吼！灰姑娘都可以到十二點耶！此外，這裡只有兩間浴室，卻要給約八十人來用，所以等了很久才洗到澡。地板都濕濕的，也沒有布可擦腳，有潔癖的我只能踮起腳尖，一路跳到床上。也因為家當不少，所以我基本上是抱著背包睡覺的(泣)。

天堂請上二十樓，離職員工宇宙連環爆

　　隔天外出找旅館去。找了幾間都沒有空房，心情已經不是谷底，而是宇宙黑洞，還下起了雷陣雨！到了小印度一帶找旅館，覺得地圖怪怪的，剛好旁邊有個女生看起來很和善，於是向她問路，剛好她也要去那一帶，就一起同行。

　　沿路上我說起我的遭遇，她很驚訝，馬上從包包拿出一張

20樓民宿外往下看的新加坡市中心景色。

名片：張太太Guest House(感覺在雨中閃爍金光！)好心的小姐告訴我新加坡也有民宿，她就是住在這，一人一間房，而且是在烏節路(等於是台北的忠孝東路)上的購物中心樓上！感恩啊！印尼來的好心「印小姐」！如獲至寶的我匆匆道謝，分開後立刻打電話查詢，終於有了！於是我在S旅館一共待了三晚，剩下的送你啦！拖著行李快樂前進民宿去！

到了幸運購物中心(它真的叫Lucky Plaza)，後方有個出入口是住戶專用的。到了二十樓，一層有四到五間住戶，張太太民宿的房子就跟一般公寓沒兩樣，裡面很熱鬧，住了好多人，看起來像是一家人，可是空氣中卻飄著可怕的食物跟老人的味道。女傭帶我到客廳旁的一個房間，沒有窗戶而且很小。唉，怎麼辦？

女傭看我眼神空洞，就緊張的打了個電話，嘰嘰喳喳的跟張太太講了一下，然後跟我說隔壁還有一間。我就跟著她到隔壁同樓層的另一間公寓(還真有錢)，一開門進去，印小姐剛好從其中一個房間出來，彼此都叫了出來。那個空房就在她房間隔壁，有一大片窗戶喔，往外看是新加坡市中心風

景，還有不用投錢的家用洗衣機！雖然房間有點簡陋，冷氣也很老舊像戰車一樣轟轟叫，起碼不用抱著背包睡覺囉（有鑰匙可鎖門）！

但是，故事還沒完。隔幾天在一家咖啡廳巧遇S旅館的那位長髮員工跟他的朋友。看在幫我要回一半錢的份上，過去打了招呼，結果他說他已經離開那間旅館了！才不過幾天，還真讓人意外。他開始熱心的宇宙連環大爆料，說旅館的老闆是吸血鬼，把他一人當十個人用，多摳門多變態……，我聽得津津有味，他欲罷不能的繼續。其實網路上的佳評如潮也是假的啦，是他被逼著Po上去的，還說給他錢也不要住青年

旅館，太可怕了！有次不知是那個國家來的人，帶來了跳蚤跟怪蟲，搞得他們還休業好幾天找除蚤大隊來消毒。

這間S旅館到現在還在營業，我沒去檢舉、網頁也沒有更新、你也找不到房間的照片呢！不過這純粹是非洲小茱的個人喜好，就像我討厭羊肉一樣，說不定你覺得這種YH並沒有我說的恐怖啊！

有點簡陋的民宿，但對我來說已是糾甘心天堂。

義大利：佛羅倫斯

曾柏翰

中國科技大學企業管理科
五專部、銘傳大學企業管
理系畢業，畢業後於醫療
器材產業服務；2003年
為觀賞波士頓紅襪隊而開
啟旅行生涯，至今旅行足
跡包括澳洲墨爾本、德
國、紐西蘭及義大利。

乞丐也上YH喝紅酒

　　步出佛羅倫斯火車站，前往旅遊服務中心詢問青年旅館位置，這才發覺，哇！怎麼這麼遠啊！無法標示於地圖上，在市區地圖以外啊！數好了七個公車站下車，下了公車才發覺，怎麼不對呢？找不到青年旅館，原來是佛羅倫斯的公車站牌是一區一區標示，不是一站一站標示，例如中山北路一段、二段、三段，可是一段、二段、三段裡頭又有很多站啊！在濛濛細雨的街區上，找不到有人會講英語，兜了半天，好不容易有個年輕人聽得懂我要去青年旅館，他要我坐到最後一站再下車，折騰許久，終於到達了青年旅館的公車站牌，也看到了青年旅館標示，咦！怎麼是一條山路，什麼？佛羅倫斯青年旅館在山裡面！還得步行十分鐘和一段不太平緩的坡，才到得了青年旅館，天啊！怎麼這麼遠啊！

　　義大利是個遊民乞丐甚多的國家，特別在羅馬與佛羅倫斯這兩個觀光重鎮，佛羅倫斯乞丐甚至駐點服務，無論市區或郊區，每個著名觀光景點與教會門口都有著行乞的乞丐，一點都不誇張。

糟糕的回憶與驚悚的片段是旅行體驗的一部份，
無論是想留在記憶裡或是選擇性的遺忘，都將無法永遠抹去。

　　有一次在佛羅倫斯青年旅館的廁所，隨口和洗手台旁的男士說了聲「嗨！」，他看了我一眼後沒反應，就在我如廁後，發現怎麼找不到垃圾桶啊！這名男士在洗手台前不發一語，慢慢將他放在垃圾桶上的衣服拿起來，當時他赤裸上身，沒有太多聯想的我，只覺得很奇怪，怎麼會有人把衣服放在垃圾桶上，除此之外，空氣中也瀰漫一股奇怪的味道。

義大利的乞丐也懂得享受

　　在我進入餐廳用晚餐時，瞄到角落正是那位男士，原來他是個乞丐，正用乞討來的錢上旅館用晚餐，桌上還點了紅酒。哇！在義大利連乞丐也懂得享受啊！雖然他剛在洗手台前擦拭身體，但那股惡臭，黏附在那套骯髒不堪的衣服上，隨著空氣飄散在餐廳內，讓人難以忍受。我以最快的速度用完晚餐，無意間瞄到了乞丐隔壁桌的女孩，滿臉受驚與痛苦的在用餐，那名女孩可能還沒發現旅館內跑進個乞丐，坐定了位子卻又不好意思更換，我則已經注意到乞丐的身影，所以先挑了個角落的位子。

　　回到房裡不久，有人敲房門，心想十一月的義大利青年旅館房客很稀落，怎麼會有人敲門啊！該不會是乞丐找上門了？房間內又沒有室友，我只有硬著發麻的頭皮開門，吼！

得爬一座小山才到得了的佛羅倫斯青年旅館。

好險，不是乞丐，一位帥氣的拉丁人，用著很破的英語詢問有沒有吹風機，住青年旅館的背包客，也需要吹頭髮設計髮型喔！唉唷！我可是連心臟都快要跳出來了啊！

歧視乞丐也是一種罪惡

當然在廁所裡碰到乞丐，與乞丐在同一個地方用餐的感覺，實在糟糕透頂，不過卻想起德國友人佩穎的話，有一回去德國找她，在公車站碰到一名行乞的婦人（不過德國和義大利的乞丐可不一樣，德國乞丐並不會滿身髒兮兮與惡臭難耐），我很自然的躲避開來，佩穎告訴我：「人家只是要飯的，你不想給不要給就好了啊！不用躲這麼遠啊！」這句話依然讓我思考著：「對啊！她只是行乞啊！又不偷不搶，為什麼要歧視她呢！」

有一回觀賞影片《衝擊效應》，劇情裡談論的是「種族歧視」，歧視黑人的白人警察，在一場車禍裡，英勇的解救了一位黑人女性，變成了英雄，而另一名白人警察看不慣其他白人警察老是欺負黑人，卻在一場誤會裡，射殺了一名黑人，心中不免一陣糾纏，雖然在青年旅館碰到乞丐，十分驚愕，但應該如此歧視一名乞丐嗎？

我遇上了**豪放女**室友

　　紐西蘭有相當多世界各地領著打工度假簽證而來的年輕人，紐西蘭也是以旅遊觀光為重要產業的國度，要碰到當地人其實並不容易。青年旅館裡的服務人員，也多半是來打工的外國人，所以提供的服務也不會讓人有特別深刻的印象，基本語言能力再配合上微笑，顯少可以感受到熱情與誠摯的服務。

　　我在紐西蘭蒂阿瑙青年旅館也不例外，旅館櫃台是個年輕小男生，大概二十歲左右，而他說話的口吻卻帶點輕佻，好像一付「隨你便啦」的屌兒啷噹態度，但是對以英語為母語或是英語能力比較好的西方人，那種傲慢的態度卻又都不見

偷照和我一樣的背包客。

了，頗有受到「歧視」的感受。在旅館裡的留言簿裡，確實也有人反應「種族歧視」的問題，特別是歧視亞洲人，雖然為數不多，但偶爾還是會遇上。在台灣「種族歧視」不是個熱門話題，但在很多移民社會的國家裡，這可是很受重視的議題，在義大利羅馬的地鐵上，甚至看到多國語言標語，上面寫著「如果你遭受到種族歧視，請與以下單位連絡」。

噢！保險套和豪放女，多讓人想入非非！

紐西蘭青年旅館大部分有男女同室的房間，我在基督城青年旅館裡，就看到過「保險套販賣機」明目張膽的裝設在廁所門口，想不看見都難，機器上寫著「噢！這是多棒的主意啊！保險套！」可見外國人思想的開放與浪漫，而女室友則大剌剌將洗乾淨的內褲帥性的晾在背包上面，雖然我也是將洗乾淨的內褲晾在背包上，但還是覺得不可思議，畢竟這和台灣保守的民風有一段差距，其實很想拿相機拍下來，不過想到回台灣後，恐被網友撻伐成是拍內褲的變態，還是乖乖把相機收了回去。

蒂阿瑙青年旅館也有男女同室的房間，而且衛浴間還在同一層，就在隔壁，有一天我在衛浴間門口看見一名西方女性，只裹著一條浴巾站在衛浴間走廊好一會兒，我瞪大眼

用雙腳勇敢走進地球另一端，數不盡的新鮮與驚喜，
正等待著你展開雙臂迎接它。

睛，口水都快要流出來，從未遇過只裹著浴巾的女人站在我
眼前啊！多數人恐怕也不曾看過這種景象吧！我內心巴不得
想直接把床舖搬到衛浴間門口，駐紮在那裡睡覺，沒想到晚
上房間裡的女室友，更讓我大為吃驚，她直接穿內褲睡覺，
在外國男性大部分是穿內褲睡覺，但在男女同寢室的房間
裡，女室友穿內褲睡覺實在直呼驚奇有趣啊！但總不能在半
夜裡拿手電筒一直照或是拿相機拍下來吧！只能期待清晨快
來臨，靠著窗外透進來的晨光，不小心給它欣賞一下。

青年旅館裡頭的保險套販賣機。

裸體娃娃的震撼教育

　　觀光重鎮威尼斯，和電視裡看到的一模一樣，大運河、小運河、運輸船、觀光船還有貨船，城市裡的物資都得用船運送，再由工人用手推車推送到目地的，這是觀光客眼裡的浪漫之都。其實威尼斯裡的居民生活有著許多不便，運輸船看似方便和奇特，坐起來卻不如公車來得快速，船的行駛速度比較慢，加上運河裡有著大大小小的各種船，能行駛的速度有限，停靠碼頭更需要時間，把船當公車坐確實別有一番滋味，不過可是有代價的，一次三歐元半，台幣約一百五十元。

在島上的威尼斯青年旅館，從右邊屬來的第一棟。

我在威尼斯旅館裡的巴西室友。

威尼斯青年旅館在一個島上，天啊！我住在一個島上，所以每天必須坐船進城，再坐船回到島上，一天得花七歐元坐船，台幣約三百元，如果不考慮運輸船的費用，住在小島上確實別有一種獨特的浪漫。

威尼斯青年旅館二十人一間房，運氣很好的被安排在最裡頭的床位，要不然聽室友開門關門就好。室友中有一位巴西人，我與他分享旅遊方式，我喜歡走路，每到一個城市，就是不停的走路再走路，以便徹底看清這個城市，巴西人則是博物館迷，每到一個城市，總是會上博物館盡情享受這些歷史文化。

什麼樣的室友都有

背包客不僅互相分享旅遊方式，也會分享背包裡頭的食物，有一次我拿了一個一歐元的日式三角飯糰給他，告訴他：「這和台灣食物很像，盡情享受吧！」，巴西人則拿柑橘與我分享，當時我隨口問了一句：「柑橘多少錢呢？」，他說：「四個一歐元。」，當場臉上浮現出三條線，哇！那

一個不就二十五分歐元呀！拿一歐元的飯糰換二十五分的柑橘，豈不虧大了，不過轉換心境，分享是喜悅的，不管金錢大小啦！

另一位室友是日本人，英語能力不佳，常常碰到不會講的單字或句子，或聽不懂的時候，就杵在那發呆或是自言自語，慌亂的擺動自己的手，講一大堆日語，好像是在說：「該怎麼辦啊！怎麼辦啊！」後來他還想了一個很天兵的方式，他帶了多國語言翻譯機，查詢好他想講的話，用翻譯機的中文發音，讓翻譯機講給我聽。

天啊！我真的好羞喔！

這位室友三十四歲，在東京從事娃娃設計的工作，當我滿心疑惑的想著，一個三十四歲的大男人，怎麼會去設計娃娃時，他再次用堅定的語氣告訴我：「沒錯，就是設計娃娃，設計和真人一樣尺寸的娃娃」。他乾脆拿了一張公司廣告單給我，彷真人尺寸，而且相似度十足，栩栩如生的美麗女孩，一個價錢可要台幣好幾萬元啊！**只是這美麗的娃娃，怎麼都是裸體沒有穿衣服啊！**

豐滿的胸部和紅潤的乳暈，不僅清晰可見而且十分逼真。雖然不懂得日文，不過其中一張圖片隱約猜測得出來，圖片

你有看過這種娃娃嗎？
(翻拍自威尼斯日本室友提供的DM)

和文字是在描述娃娃的私處，而另一張圖片，更是一個眞實
男人的雙手，在搓揉著美麗裸體女娃柔軟而豐滿的雙峰。我
實在沒有勇氣問他，這娃娃是要拿來做什麼的，因爲懼怕聽
到過於震撼而無法接受的答案，不過可以肯定的，這位日本
男室友，在介紹著他的公司與這些沒有穿衣服的娃娃時，看
著這些如眞人般的女性胸部圖片，完全沒有害羞和不好意思
的表情，雖然在開放的歐洲，街上四處可見接吻的情侶，我
也曾經在德國慕尼黑看過當地民眾裸泳，但面對日本人的裸
體女娃，依舊讓我驚訝不已啊！

遇見奧客室友

　　德國海德堡青年旅館空間廣闊寬敞，不僅大廳、Bar與餐廳寬廣舒服，六人房房間內也是空間廣大足夠，床舖的長度與寬度之大難以想像，明明是單人床，但床舖大小可能有台灣單人床的1.5倍大吧！個頭小一點的亞洲人，恐怕都可以睡兩個人了啊！這麼舒服的房間，也有著與「寬廣」相呼應的缺點，房間與廁所距離太遠，約略要走一分鐘。

　　有一天半夜起來上廁所，發現，電燈是感應式的，要走一步，電燈才會亮起一小個區塊，每向前一步，後方電燈隨即熄滅掉，永遠只有步行的那一小塊電燈是亮著的，有種不知何為盡頭的感受，一分鐘路程好似走了十分鐘那麼久啊！

從海德堡城堡上遠望這個美麗的城市。

如廁結束，剛好有三個德國人要回房，其中一位房客正好住隔壁間，有伴同行差很多，不過試想，如果碰到的是一個奇裝異服的怪伯伯，嘰哩瓜啦對你說些聽不懂的話語，那這段路，不就當場變成了和兩棲部隊的天堂路一樣難走嗎？

在海德堡青年旅館內，有兩位日本室友，他們專程從日本遠道來觀賞德國世界盃足球賽，為日本隊加油，有一位從來沒聽他開口說英語，另一位與我聊比較多，不過他的英語能力普通，吞吞吐吐，想一個單字與講一句話都要想很久，相信他們必需要更有著勇氣與追求夢想的執著，才來到德國自助旅遊，雖然我一直認為英語能力不是自助旅行的必要條件，但對英語能力普通的人來說，的確需要更多的勇氣。

你們會不會太超過了

不過我對這兩個日本人印象不佳。有一天晚上他們十二點才回房，回房後還大剌剌的打開電燈。嘿！我在睡覺耶！當我是隱形人了嗎？**更誇張的是半夜一點鐘還使用吹風機吹頭髮**，比起在紐西蘭蒂阿瑙碰到的西方女室友，開了電燈發現我仕睡覺，立刻關掉電燈，對我說：「對不起。」看見我眼睛睜開再補上一句：「真的非常對不起！」另一次在紐西蘭瓦納卡，當時電燈已經熄掉，但還沒有睡覺，室友很有禮貌

那兩位日本室友也是遠道而來
觀賞世界盃足球賽。

的問我：「請問可以打開電燈一下下嗎？」

　　相較於這幾位室友，這兩位日本人真是既不懂禮貌而且又誇張，簡直是天壤之別，半夜一點鐘在房間裡使用吹風機，這麼炎熱的夏天，男生不吹頭髮應該沒關係吧！我們可是克難的背包客ㄟ！連吹風機都帶來了，是不是所有家當都揹來了呢！

　　炎熱的夏天裡，西方外國人通常穿內褲睡覺，有些老外上半身會赤裸，我則穿一條短褲，爾後出國也習慣了穿內褲睡覺，**但是這兩名日本人，居然在大熱天裡穿長袖長褲睡覺，**一臉狐疑的我，心想再怎麼不熱的夏天，應該也不會有人穿長袖長褲睡覺啊！更讓我懷疑日本人是不是一整年都穿長袖長褲睡覺啊！

住宿中的千奇百怪鮮體驗

我在義大利科莫湖住過一間不算大的青年旅館，晚上有門禁，晚上十二點門會鎖起來，房客並沒有配鑰匙，一旦過了晚上十二點，直到早晨七點，這段期間除了房間與廁所，可是哪都去不得。

初嘗門禁的滋味

這間旅館有三個門，除了房門、大門，還有一個大鐵門，類似台灣公寓樓下的鐵門，那次我誤以為「門禁」是把「大鐵門」鎖起來，**因此就大搖大擺的走出去外頭吹風，誰知道大門是只出不進的，我就這樣被活生生鎖在門外**，拖著疲憊的身軀和滿臉的睡意，從清晨五點受困至七點，當時雖然走到窗戶邊，試圖叫醒室友，不過隔著厚重的玻璃窗戶，並沒有辦法引起注意，還隔著窗簾呀！清晨的科莫湖，刮風又下雨，冷風刺骨，幸好外套毛帽都戴在身上，所以沒有在刮風下雨的清晨著涼，雖然半夜我不會去哪蹓躂，但偶爾總會出來看個星空或是在寧靜的清晨呼吸新鮮空氣吧！

科莫湖青年旅館老闆娘活潑熱情，也熱情大力的推銷店裡販售的商品，從咖啡、甜點、晚餐、車票、明信片到礦泉水，只要店裡有販售，她沒有一樣會忘記，還算有文化，雖然熱情邁力的推銷，但沒有採取霸王硬上弓的糾纏手段，也

科莫湖旅館裡的義大利麵可是型男廚師現煮的喔！

可以體會經營青年旅館的不易。這裡一個床位一晚僅收十五歐元，約台幣七百元而已，實在需要創造額外的收入來源。

超辣女服務生的丁字褲

旅館內有一名時髦女服務生，年紀應該超過三十歲，打扮的花枝招展，妖嬌美麗，總是穿著時尚馬靴，濃妝豔抹，濃厚的粉底和紫藍色大到不能再大的眼影。有一次我在旅館內點了一份義大利麵，時髦女服務生熱情的介紹義大利麵有什麼口味，每個口味調味醬是用什麼原料，吃起來有什麼特色，口感如何等等，不過實在聽不懂帶著義大利腔的英語，我和她說：「請你說英語好嗎？」只見她用一個很誇張的表情和肢體語言對我說：「我當然是在講英語啊！」說的也是，怎麼會有人對黃種人的旅客講義大利語呢！不過請她再講了一遍，還是聽不懂啊！

而這名女服務生最大的特色是，她喜歡穿丁字褲，並且會讓丁字褲的褲頭暴露在外面，而且她還有控制牛仔褲下滑的能力，牛仔褲不管怎麼穿，擺出什麼樣的姿勢或動作，一定是剛好褲頭露在外面，股溝不會跑出來，不禁令我懷疑：難

不管旅行時，碰到什麼千奇百怪的事情，嘗到什麼千奇百怪的食物，
都是一千零一次的體驗，我都很享受。

道穿丁字褲也有學問嗎？

印度薄餅製造的連環屁

很巧合的我在科莫湖又遇上在羅馬同住的印度室友，這次
交換了許多彼此國家的生活情報，包括我對印度人嗜「辣」
的疑惑？他告訴我，印度每一樣食物都和「辣」脫離不了關
係，不僅吃得很辛辣，而且有各式各樣原料調製而成的調味
辣醬，不過他自己並沒有吃那麼辣的習慣，和真正的印度人
比起來只能算吃一點點辣而已。

他興奮的拿起印度老家帶來的薄餅與我分享，雖然不是很
想吃，可是又不好意思拒絕。印度薄餅吃起來挺符合印度室
友的個人口感，不是頂級的嗆鼻辛辣，感覺像是用咖哩的辣
味醬調合在薄餅裡面，一次一點一滴的辣，慢慢的刺激著味
覺，只是吃不習慣的我，夜裡一直
感受到辣醬在肚子裡頭嘎嘎作響，
拉又拉不出來，倒是接二連三的屁
聲陪我度過了科莫湖寧靜的夜。

提供我印度薄餅的科莫湖印度室友。

怪旅館裡的怪室友

　　如果說住宿在青年旅館需要勇氣，那麼住在羅馬的青年旅館，除了勇氣之外，可能還得有壯士斷腕的決心啊！有一次我住進一間旅館，辦理好Check in走在長長走廊上，光線非常微弱，不知道旅館是不是想省錢，房間的門栓也壞掉脫落，快要解體的房門磨擦地板的尖銳喀擦聲，響亮又刺耳，房間內骯髒不清潔，甚至在地上死了一隻灰色硬殼，看起來像是甲蟲的爬蟲物，應該是義大利蟑螂。

　　廁所更是糟糕，衛浴和廁所隔間漆成了鮮艷的磚紅色，牆壁上充斥著難聽字眼的塗鴉，不知道是不是清潔欠佳，房客們也不願意在廁所久留，幾乎都直接尿在地上，噴得馬桶蓋和地上都是尿騷味，早上如廁只能盡力尋找一間勉強可以使用的。

梵蒂岡教堂前的廣場。

從來沒有想過，睡覺睡到一半，眼前會有個黑影幢幢，對著我說著聽不懂的語言，幸好沒被他驚嚇到，轉頭過去，繼續呼呼大睡。

宇宙超級怪咖都讓我遇上了

　　室友有一名印度人，看起來比較正常，另一名英國人，怪裡怪氣，用著低沈的口吻問著我，關於台灣與中國的問題，他還說起了英國與美國的歷史，說起那一年，英國如何，美國又如何如何，而且描述深入。有誰會將歷史記得這麼清楚啊！幾乎是一百年裡發生的事件，都進了他的記憶裡，而且**那種冰冰冷冷的口吻，完全不帶任何感情，彷彿是恐怖電影裡頭故事的旁白**，他甚至躺在床上用外套將自己的頭矇住，十一月的義大利，晚上天氣已經冷了，怎麼會不蓋棉被而蓋外套呢，又為什麼會用外套將自己的頭給矇住呢！

　　另一名老伯，看起來像這寢室的長期住戶，**這名老伯伯妝扮很奇特，不像是一般街道上看到的那種普通老伯，他竟然**

還穿起了裙子！幾乎所有家當都搬來了青年旅館，是準備在青年旅館養老嗎？全世界最著名的難民，「無家可歸者」阿爾弗雷德‧梅漢，從1988年開始便居住在法國戴高樂機場的一張紅色長椅，在《戴高樂機場－紅色長椅》一書裡提到（2005年，文圓國際圖書出版），截至2004年，阿爾弗雷德‧梅漢先生仍然住在法國戴高樂機場裡，整整十六

羅馬西班牙廣場前街區。

羅馬技競場。

年了，書裡提到他從1977年開始過著難民的生活，1981到1984年間，則多半待在比利時青年旅館裡和當地的圖書館，青年旅館的費用則是比利時布魯塞爾社會福利金支付的。我不敢說這名老伯是難民，但是這名老伯身上散發出來的氣息與氛圍，完全不像「一般」旅館房客啊！(此故事還被拍成電影《航站奇緣》)

　　一天夜裡睡到一半，突然有個黑影站在身旁對我講話，當時我睡在上舖，只聽見他講了一大堆聽不懂的語言，隱約猜測仕詢問那一個床位是空的，睡眼惺忪的我，眼睛都沒睜開的比了一下，隔天醒來，趕快查看昨晚比的那個位置有沒有人睡覺，好險有啊！不然以為是見鬼了，在這麼詭異的旅館，半夜有個黑影站在眼前是很可怕的一件事，為什麼當時我不會害怕，是因為聽見了，房門壞掉磨擦地板的尖銳聲響，直覺地猜測有人進來。

　　零亂不堪的旅館，骯髒不舒服的廁所，詭異的室友，怪異的老伯，還有那名英國人說話的低沉口吻，回想起來仍十分詭譎。如果青年旅館裡有陰森與恐怖排行榜，羅馬應該會占有一席之地。

愛與微笑是世界語言

　　歐洲阿爾卑斯山位於義、法、瑞邊境，從義大利遊阿爾卑斯山，奧斯塔是必經之地，可由奧斯塔轉程巴士到庫馬雅爾或Palud搭乘纜車上阿爾卑斯山，但整個阿爾卑斯山區與奧斯塔沒有一間便宜旅館！少則七、八十歐元，多則上百歐元一個晚上。於是我來到Verres小鎮，Verres可是連「寂寞星球旅遊書(Lonely Planet)」都沒有介紹到的小城鎮，它位於奧斯塔南方，搭乘火車約略三十分鐘，不過小鎮民宿，六人房一個床位一晚僅二十五歐元啊！

　　步出Verres火車站，隨即看到了民宿招牌，獨棟庭院式，房子有非常寬敞的前院，民宿主人養了一隻大型犬，體型之大，狗兒站起來如十歲小朋友一樣高啊！民宿老闆開了外面的鐵門，我可得與這隻大型犬，獨自步行五十公尺才能到民宿門口，大型犬會一路圍繞著你，蹦蹦跳跳。第二天狗兒不曉得在興奮什麼，還舔了我的手指狂吠，我也只有硬著頭皮走這段路，心想民宿養的狗兒，應該沒有攻擊性吧！而且也沒有其他旅館可以住了。

Verres民宿裡的大型犬。

比手畫腳也能溝通訂房

　　進入民宿，老闆娘年約三、四十歲，染著一頭鮮艷的紅色頭髮，在台灣怎有可能三十多歲婦人染著一頭紅色頭髮，恐怕連二十歲的小女孩也不會這樣吧！她看著我，用著很奸詐與詭譎的笑聲「喔！喔！喔！」、「喔！喔！喔！」，然後說：「義大利語？」我說：「NO！」，又說：「法語？」我說「NO！」換我問他：「英語？」她說：「NO！No English！（不，我不會講英語！）」我們用著人類最初的善與微笑，比手畫腳配合著畫圖與阿拉伯數字的圖文，完成了住宿相關問題的溝通，找向老闆娘表示希望吃水果，她更是從隔天開始，無論早餐或是晚餐，都為我準備了水果。

在山腳下的Verres民宿。

寬敞的Verres民宿房間。

親愛的朋友們！放手去吧！「沒有一顆心會因為追求夢想而受傷」。
(引用自牧羊少年奇幻之旅)

五歲兒子的手繪保險套

她兒子叫亞力士，今年五歲，還有一名可愛的小妹妹，是他堂妹，今年四歲，當然不會講英語，靦腆的小朋友說著義大利語，我講著英語，但我們卻可以嘻嘻哈哈交談許久，**接著亞力士拿出一張紙開始畫圖，你知道他畫什麼嗎？「保險套！」**然後與他堂妹倒在地上捧腹大笑，嘴巴都笑到要開花了，她媽媽(老闆娘)看到了自己兒子畫的保險套，則是滿臉尷尬的看著我……天啊！義大利人真早熟，五歲就知道保險套是什麼了！

民宿老闆娘和他兒子亞力士。

旅行其實不需要會講英語，在2003年第一次自助旅遊前往美國波士頓，回來告訴朋友們「旅行不需要會講英語」，沒有人相信，這次親身遊歷告訴大家，旅行真的不需要會講英語，真正的溝通是用心，用著人類的愛與微笑，用著自己的心面對對方的心，他會知道你在想什麼，你想告訴他什麼。回到台灣將老闆娘和兒子亞力士與我的合照，寄去了義大利，或許他看不懂照片背後的英文是什麼意思，但是他一定可以感受到我對他的感激，這就是人，這奇妙的人類啊！

背包旅館趣事多

打開冰箱都是標語

紐西蘭青年旅館裡提供冰箱保存食物，偶爾欣賞裡頭的食物過過乾癮也是挺不錯的，當我在蒂阿瑙青年旅館看著冰箱裡頭的食物，咦！怎麼食物外頭寫著「這裡面有毒，請勿食用！」原來是雖然食物上有貼名條，但可能多少避免不了有人偷吃別人的食物，特別像是牛奶、果汁、啤酒，這種一喝就沒有的，所以有些旅客會在食物名條上寫著各式奇怪的話語，如「唉喲！拜託你請別吃我的食物好嗎？謝謝！」或是「有毒喔！不能吃喔！」這種標語，不僅有趣好玩，也讓我見識到了美式幽默啊！

讓外國人好好看看台式清燙高麗菜。

瓦納卡青年旅館裡的擦手滾筒機器。

每一間青年旅館都有它的優點與特色，
原來「貓咪」也可以當成slogan，做為一種品牌形象的標記。

青年旅館也講究環保

　　瓦納卡青年旅館裡的廁所的擦手紙機器，讓我眼睛爲之一亮，在滾筒的機器裡有一條布，要擦手時，將布往下拉，將手上的水擦拭在拉下來乾淨的布上，而拉下一小塊的布，機器會從另一頭自動將布捲回去，應該是裡頭自動消毒，讓擦手滾筒機器這樣子的循環使用，眞是環保的好幫手。

這些旅館真的很愛養貓，貓大爺超有個性

　　除此之外，如果你是貓咪的愛護者，旅遊紐西蘭請記得一定要住在青年旅館，因爲**紐西蘭每一間青年旅館裡，都有一隻又大又肥而且可愛討喜的貓咪，而且每一間青年旅館裡的貓咪，有著迥然不同的個性**，從外觀上看來，應該是同一品種的貓。基督城青年旅館的貓咪，最爲害羞怕生，不容易發現它的蹤跡，沒有人的時候，牠才會偷偷摸摸跑出來，一被發現牠又夾著尾巴逃走了。

我終於在特卡波青年旅館，利用貓咪吃飯的時候，喀嚓，給牠照了一張，瞧牠吃飯開心的模樣，理都不想理我呀！

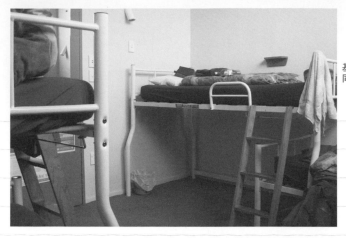

基督城青年旅館男性女性
同寢室的房間。

　　瓦納卡青年旅館
的貓咪，喜歡趁你不
注意時跑出來，默
默在旁邊觀察你在做
什麼，但是牠不喜歡做公關與社交，如果你要和牠親近，牠
會翹起尾巴大搖大擺的掉頭走掉；蒂阿瑙青年旅館的貓咪，
則喜歡在門口站崗，不喜歡待在室內，而且很早就起床了，
總是在門口送往迎來；而特卡波青年旅館裡的貓咪，最為活
潑好動而且不怕生，喜歡和背包客撒嬌，當你坐在沙發上，
牠會跳到你身旁，發出「喵！喵！喵！」的叫聲，好像是在
說，摸摸我的頭，幫我抓個背吧！

　　不約而同的是，每一間青年旅館的貓咪都不喜歡照相，一
看到鏡頭就準備躲起來，可能是要將牠們捕捉到鏡頭的旅客
太多了吧！

　　就在我要離開紐西蘭前夕，在基督城的青年旅館裡，問著
才剛抵達紐西蘭的室友：「你剛到達紐西蘭嗎？」、「你都
會住在青年旅館裡嗎？」，我已經迫不及待熱情的告訴他：
「每一間青年旅館裡，都有一隻又大又肥而且可愛討喜的貓
咪喔！」

荷蘭：羊角村

廖宗軒

6年1班的同學，喜歡攝影，當年以高職學歷考上牙醫系，成為牙醫師後仍保有高職生愛玩愛冒險的特性。用聯考英文12分的成績走遍歐洲十五國，為了尋找心目中的人間仙境，前年攻下冰島後，下一個旅遊目標是南極。

神奇旅程
之不可能的任務

　　不知道何時開始，我的自助旅行就開始充滿一連串的冒險與驚喜！

　　很多人都知道義大利的威尼斯，但就很少人知道荷蘭有個北方威尼斯。

　　羊角村，擁有許多傳統蘆葦屋以及獨門獨戶的小步橋，這裡的交通工具除了單車外就是平底船，冒險故事就從這地底挖出為數眾多的羊角而命名的小村落開始。

　　那天我從德國開了二個半小時的車到荷蘭，在隨停隨玩隨時迷路的狀況下，抵達羊角村時已經是晚間七點左右，在台灣七點正是華燈初

無以形容的寧靜美，傳統的荷蘭蘆葦屋及運河水道。

這床還真難鑽進去睡，
更何況人高馬大的荷蘭人。

上的時候，而在歐洲卻是鬧空城小鎮的時候，當天雖有預訂民宿，但是隨著天色漸暗就算空有地圖也是途勞無功。

當時，真是糗大了。

走在無人的村莊小徑，大多數的村民已經入睡，就算要問路也找不到人，苦惱間猛然抬頭才發現，正好有一戶村民在為自家屋頂整修趕工中，在求助無門之下，只好硬著頭皮在圍籬外喊了幾聲……依克斯Q死米……大致簡略的說明我的困境之後，熱情的一家人圍著我試圖在地圖上找出今晚民宿地點，原來，我跑錯村了了，真正的半月村在二公里之外，而民宿主人等不到人，早已休息去了(藉此告誡習慣不守時的我們，歐洲人對時間觀念是很重視的，這是錯誤示範請勿學習)。

老夫妻只好對我聳聳肩，看著落魄的我突然間開始交頭接耳起來，我從旁猜測老夫妻家有空房，只是沒想到是打算出租給我過夜，對於差點流落街頭的我當然高興，只是他們開價七十五歐元，自個兒摸摸口袋，再看看留在車內滿滿的紀念品，真的超出預算，我無奈的搖搖頭，「禿依斯便斯」(太貴了)，最後以五十五歐元成交。

出乎意料之外的，住宿就這樣解決了，五十五歐元，不含早餐（現在回想起來，覺得自己真的太誇張，在這節骨眼上竟然還在計較金錢）。

背著行囊來到本次旅程中最溫暖的住宿，是間小平房，位在老奶奶家後院，墨綠色的木造小屋有著白色的門框，門框旁掛有二只荷蘭木鞋，裡頭種滿當季小紅花，窗台掛著手工蕾絲窗簾，小圓桌上是讓人野餐的地方，光是氛圍就令人舒服的說不出話來。

走進房內，進入眼簾的是荷蘭傳統臥室，更令人雀躍的是張傳統的老式床舖有點像大陸的炕上床，老奶奶說這間二個月後可是她兒子的新房呢！感動之餘，我隨即送上台灣準備來的中國結，賓主盡歡。

隔天我來到真正的羊角村內，這才知道什麼叫做人間仙境，一幅幅的小橋流水人家，感動的令人說不出話來，走在運河邊，夢幻之餘，真的會忘了我是誰，當下只想好好的享受難得的寧靜，這種美，是無以形容的。

老夫妻二人在新房前合照，左後方有荷蘭木鞋的花盆。

這就是我們預訂的民宿,有著傳統蘆葦屋,
也是古色古香,據說有百年歷史。

這裡不只可以住宿,
有附停車場跟租電動船服務喔!

忽然間,我家太座說話了,咦——這不是我們要找的民宿嗎?Binnenpad路88號的民宿招牌出現在眼前,我們遙望屋內透出微微的燭火,昏暗之下似乎有人靠在藤椅上看著電視,本來想按門鈴打擾,想想天色漸晚容易被誤會,於是我拿起手機,撥打招牌上的電話,竟然——通了,同時間,民宿電話也跟著響起,原來漫遊是不用打回台灣再轉到荷蘭,電話那頭傳來低沉又沙啞的回應聲:「Hello……」接著一連串我聽不懂的英文,我的英文被口音給打敗了,一段雞同鴨講的對話後,電話那頭傳來一聲簡短有力的單字「Sleep?」,我一時反應不過來,我認得的單字是Booking,腦袋一轉,馬上應答「Yes!」(以下對話叔叔有練過,小朋友別學喔!)

老者:「Sleep?」(你要睡覺嗎?)

我:「Yes.」(其實我想預約住宿)

老者:「Tomorrow?」(明天嗎?)

隨興而走隨興而住歡喜就待，而迷路是下個驚奇的開始，
這已經是我流浪的方式。

我：「Yes.」(當然我想預約明天)

老者：「One night?」(一晚就好嗎？)

我：「Two people one night.」(對，我只想睡一晚)

老者：「OK!」(成交)

我：「Breakfast?」(等等……有附早餐嗎？)

老者：「We supply.」(這個特別服務有提供)

我：「How much?」(那要多少錢)

老者：「44.」(44歐元)

我：「Ok! No problem , We will check in at 9:00 am」

老者：「OK! bye bye!」

我：「Bye Bye!」

講到這裡，我已淚流滿面，我對不起我敬愛的英文老師，
想必我的台灣英語也讓房東受不了，他大概也把我誤認為是
日本人，掛電話前順口就回了句：「阿里阿豆」。

一連串的錯誤完成了一筆不可能的任務，真是太神奇了，
用手機漫遊也可以接通，用單字也可以訂房，找不到住宿還
遇到好人。解決了明天的住宿，我們小倆口手牽著手，開開
心心的回到荷蘭愛的小窩，為明天的行程作休息，結束了令
人難忘了荷蘭夜。

荷蘭：哈倫

楊若蘭 Ada

畢業於香港大學，蒙福獲獎學金往英國倫敦大學唸新聞碩士。閒時喜歡遊走於香港以至世界各地的鄉野，看花看草，以能道出身邊所有植物的名稱和特質為終身目標。著有《荷蘭最美》。

學會拒絕的勇氣

　　首晚入住哈倫（Haarlem）青年旅館女生四人房，房內有兩張上下舖，合共四個床位。一德國學生在荷蘭工作實習，已經入住該房間一星期，睡在下舖，當晚是她留在青年旅館的最後一晚。我為方便收拾行李，選擇了睡在另一邊的下舖。

　　若一人入住青年旅館，最好選擇三人以上的房間，因為三人組的配搭較多樣，大家可互相制衡。奈何有時候旅客不多，兩個陌生人共處一室的情況也偶會出現，這情況最令人步步為營。為表示友善，我滔滔不絕的說個不停，一方面讓德國女生不用擔心我是壞人，另一方面也藉此多了解這位室友，好讓自己安心。

　　夜裡，德國女生早已入睡；我卻因為首日到

這就是事發現場——荷蘭哈倫青年旅館。

面對陌生人，是非黑白還是要分得清清楚楚，誤墮灰色地帶，可能隨時吃虧。
遇上問題，該請青年旅館職員作中介人，免得自己捲入旋渦。

達，加上時差，因而在床上輾轉難眠；有時擔心正在插電的相機電池會不翼而飛；有時又不禁檢查背包是否安然在枕邊；總之一人在外，警覺性特高，很容易神經緊張。

突然，一對來自捷克的青年男女進入房間，我敏銳的從床上彈起。捷克女生說：「男生房間早已爆滿，請問可否讓我男友留宿？」我見兩人外表正常，本著江湖救急，能助人時且助人的宗旨，說：「我無所謂，但不知道已熟睡的德國女生意願如何……」誰知他們根本沒有理會，火速除去外衣便擠在我床位的上舖。

天啊！她們是同性戀嗎？

素來知道一些外國人較為開放；這對男女不洗澡、不換衣服、男女關係隨便，與我無關；總之大家河水不犯井水，我便繼續睡覺；怎奈上舖床位不斷吱吱作響，讓我根本無法入睡。我把頭躲到被窩，以為可隔聲，但又要呼吸，所以只好半掩。奇怪的是，**我赫然看見只穿紅色內衣褲的捷克女生，突然從床上爬到對面德國女生的床上，擁著她一起睡**……我躲在被子裡監視著事情的發展。心想：「啊！好荒唐啊！荷蘭雖然同性戀合法化，但也不能如此明目張膽。」、「究竟德國女生和捷克女生是否早已認識，若不；為甚麼她沒有反

用餐時大家會聚在這裡交換情報。

抗？沒有大叫？」、「等下萬一捷克女生爬到我這裡，我應該是一個背包向她擲去，還是施展初級中國功夫？」內心好多好多疑問……

在被子裡遮掩了一會兒，終見德國女生爬起床，我按捺不住，問道：「妳是否與捷克女早已認識？」她說：「不，我只是被嚇到出不了聲！」凌晨四時多，德國女生以刷牙來壓驚；我一邊述說事件的來龍去脈，一邊大叫捷克女起床交待事件經過，並叫她回到自己床位去睡，但她睡得爛醉如泥……我向德國女生致歉，我的一句「無所謂」，害她被嚇得花容失也。德國女生說不能再多逗留一刻，她決定提早收拾行李離開到車站候車回國。「那我怎麼辦啊？我還有好多天要在那裡住啊！」我正為自己的安全打算。為保平安，我乾脆收拾行李，然後在大廳坐至天亮。

事後，我跟旅館職員說起這件事，他疑惑地說：「昨晚男生房間的床位可多的是！」

究竟這對捷克男女是嗑藥？是夢遊？是放縱私慾？我沒有興趣知道，我只後悔自己沒有竭力捍衛德國女生應有的權利，引狼入室；幸好擁著她的是捷克女而非捷克男，否則更不知如何是好。

瘋狂熱血的美瑛日出

　　青年旅館的魅力不只在價錢大眾化，千奇百怪的旅客，相互交織出光怪陸離的住宿體驗。雖然現在入住青年旅館的人已不限年輕人，但旅館總予人青春無價、朝氣洋溢的形象；遇上志趣相投的人，也許他們會令你從心改變！

　　北海道美瑛Potato no Oka YH位處拼布花田的丘陵地帶，以家庭式經營。旅館整潔無比，柚木地板，與其說是YH不如說是民宿，散發濃濃的親切感。由於美瑛四周都是農田，了無商舖，入住人士大多選擇在旅館用餐；又因為大家都要在指定時間用餐，因此可以盡覽當日入宿的所有住客。大家來自五湖四海，既是許多個個體，但因為同住一屋簷下，難得有機會碰面和溝通一下，很有兒時集體旅行的感覺。

搭上纜車，可以飽覽拼布花田美麗的景色，非常動人。

Potato YH的老闆細心為住客編排用餐的座位，力圖為單純的「一泊二食」添加人情味。

　　用餐座位安排盡見心思；台灣的朋友與港客表面都沒有甚麼分別，他們都是用中文溝通的，管他們一方只會說國語，另一方只會說廣東話，總之坐在一起便是最佳配搭；另外兩個老外和韓國年輕人反正都語言不通，就讓他們一塊兒坐練練英語；至於一大班日本大姑當然與另一大班日本大叔和大嬸一起坐。

三點出門看日出，辦不到！

　　旅館主人會起立以日語歡迎大家，他不但為旅客締造互相認識的機會，還於飯後將大家分成小組，派出子女為各組講解美瑛一帶的好去處，更準備了免費的咖啡留著住客，總之就是希望大家別匆匆回房間休息。旅館老闆自豪地說Potato地處有利位置，可以看到美麗的日出，但要三點起床。我真的好想去，但想到要在深夜走到陌生的田野，真的有點卻步，而我深知我的友伴一定寧可睡覺也足不出戶。那刻，我懷疑在這地球，根本沒有跟我一樣瘋狂的人。

　　洗完頭後，我在Potato的一角等頭髮自然風乾，也看看書和在旅社的紀念冊留言。我在那裡碰到同房的小女孩，年約十多、二十歲，是個巴基斯坦日本混血兒，因此她既操流利英

精彩難忘的旅程，往往與旅途上遇到的人和事息息相關；
放開懷抱，入鄉隨俗，嘗試擁抱另一個天空；
在不同的國度，從別人身上，從新鮮的事物裡，往往更能看清自己。

語，也操流利日語。好特別的組合啊！這位年輕姑娘獨自兒
闖蕩美瑛，目的就是要看薰衣草，我嘆息難得來到美瑛，而
旅館老闆又大讚當地的日出美景如何如何，可惜沒有辦法去
看看。小女孩說：「我已打算三點起床去看日出。」我聽後
心裡暗暗高興。

我：「要不大家一同去，可以作伴啊！」

女：「好，那三點出發吧！」

我：「但我不知能否準時起床啊！」（我對自已的自制力有
點懷疑；對於半夜出門看日出的壯舉，亦有點似幻似真。）

女：「讓我叫你起床吧！機會難逢啊！」（我心在猶豫：半
夜三點，田間了無一人，若遇到壞人，叫天
不應叫地不聞，越想越怕。）

我：「好！你就只管叫我吧！若我能起
床，便跟你一塊兒去；否則，就此作罷，
你可別被我拖累了。」（模棱兩可又可為
自己開脫的答法！人長大了，不其然會
為自己編出許多自以為得體的答案，其
實是在自我逃避。）

小女孩堅定的說：「我一定能叫你
起床的！」

敢作敢為的日本巴基斯坦混血女孩。

來北海道就是為了欣賞這
彩虹花田的景致啊！

熱血青年讓我從心改變

　　夜半，小姑娘從上舖輕躍而下，叫我起床。古人說：
「近朱者赤，近墨者黑」真的沒錯；眼見小姑娘年紀比我
小，但決心比我大、意志比我堅定，在不好意思的情況下，
我竟奇蹟地立刻起床。我們躡手躡腳走出房間，經過樓梯，
走到大門，赫然看見一位拿著專業攝影器材的日本姑娘。她
因為怕自己會誤時，所以乾脆通宵在大門守候等看日出。
乊遇同好，我突然感受到一個沒有陌生人的世界！這位小姐
真厲害，獨自一人也毫不懼怕；為了看日出，她比我們更瘋
狂。這與我的畏首畏尾，甚至只會嘆息埋怨相比，真是天壤
之別，直叫人汗顏。

　　我們三人歡天喜地的走到Potato no Oka YH對面的田野，萬
籟無聲，空氣清新；我們靜蹲在柔柔的野草上，享受著日本
美瑛破曉時分的寧靜。這時，天邊露出第一線晨光，大地生
機活現；我感謝天父讓我有機會親眼看到如斯美景，因為有
健康的眼睛才能看得見；四肢健全才可以到處跑；我也感謝
身邊兩位勇敢熱血的日本姑娘，是她們叫我開始從心改變！

日本：北海道

涂修全

1980年11月12日生於台灣高雄。東吳大學心理系畢業。於2007年10月到2008年4月間以單車繞了日本一圈，共騎約10050公里。目前居住於台北，擔任某日商公司之特約日文翻譯兼口譯。

寒風下的温暖飯糰

　　冬天的北海道像是瘋了一樣，而這幾天就像正值發作期一般，強風吹個不停。連續幾天的強風已把我吹得有點精神錯亂。一路上頂著強大的逆風，緩慢地前進。我到達了一個叫厚岸的小鎮。在國道旁看到不遠處有個休息站，我二話不說先轉進去讓我的雙腿休息一下。

　　休息站內正好提供無線上網，網路對我來說是種毒藥，原本不打算在厚岸町停留，不過在不知不覺之中，太陽已經下山了。沒辦法，只能在此地停留一晚。幸好厚岸町裡就有一間YH，距離休息站也不遠，於是我收好NB後立刻往YH前進。

厚岸町YH的外觀。

到了目的地時發現這裡其實是一間旅館。YH手冊裡的價格寫著一晚3260日圓，心裡也知道住旅館一晚不太可能只要3260日圓，但還是硬著頭皮走進去。旅館的經營者是一位老婆婆，我一開口就表明我是循著YH手冊上的地址來的。老婆婆立刻回我說：「有沒有會員證？沒會員證價格不一樣。」我立刻拿出會員證，在登記簿上填妥資料。

拿著行李找房間時心裡想著，這位老婆婆說話態度實在不像是對客人說話。一般來說日本的飯店或旅館雖已經少見九十度鞠躬，但基本上還是會以敬語與客人交談。而這位老婆婆對我的遣詞用字似乎不像是對客人說話的態度。但當我一進房發現這裡是單人房時，一切也都變得無所謂了。

超級蠢蛋的下雪天也要騎單車

隔天早上我起得很早，看完新聞與氣象後馬上開始整理行李，打算盡量早點出發。打包好所有東西，正要把行李搬到門外時，旅館的老闆也正要出門。他看到我就說：「聽說你騎腳踏車來。別幹傻事了，許多地方都開始下雪了，太危險了。你幹這種事可是會被笑的，就像我現在嘲笑你一樣。」雖然我知道老闆也是為我擔心才說這些話，但我當然不可能因為他一席話而真的打道回府，所以也只能傻笑。老闆才剛

說完不久，老婆婆跑出來對著老闆吼說：「要出門就快去，別多嘴。」

正當我打包好準備出發時，老婆婆拿著一個大飯糰跟一包烤鰻魚塞在我手上，叫我在路上找個暖和的地方吃。這是老婆婆特地為我做的飯糰，我當然一定得收下。**過了不到十幾秒，老婆婆隔著窗戶，手裡拿著兩顆柿子對我揮手後又跑了出來，對我說：「只吃白飯跟鰻魚營養不夠，這兩顆柿子也拿去路上吃吧！」**我把這些東西全部收下，塞到車前袋裡去。正準備離開時，老婆婆又拿著一罐咖啡跑出來對我說：「只吃飯糰不好吃吧！這罐咖啡也拿去。」走之前老婆婆叫我有空記得回來玩，路上要小心。

昨晚Check in時我就覺得這位老婆婆說話很不客氣，不像對客人說話的態度。但是現在突然發覺她說話時所用的語態都是常體，也就是對家人或朋友講話時的語氣在對我說話。我

不知道她是不是把我當成親人一樣。但我感到她待我，就好像我外婆送我出遠門一樣，叫我拿東帶西，又耳提面命。不管如何，我除了感謝，還是只能感謝。

YH老婆婆送我的食物。

再多的安排不如
偶然的巧遇

　　我在北海道富良野旅遊時，原預定投宿中富良野的YH，抵達時打了通電話卻沒人接。拿起YH手冊仔細一看，不會吧？10月31日開始休館一個月！那不就是今天嗎？時間離天完全黑還有大約一小時，離下一個有YH的美馬牛町還有約十幾公里，不知道是否能在天黑之前趕到，看著夕陽漸沈，我只能使盡全力拼命騎了。

　　結果在天全黑前，我已經趕到美馬牛町。當時正逢淡季，原本以爲不會有人在淡季來投宿，但Check in後把行李搬進房間時，卻發現一位美國人與我同房。他是個只會說英文的美日混血，叫Steve，這下頭痛了，我不知道已經幾年沒碰英文了。

拼命騎之下，我終於趕到了美馬牛町的YH。

我用著一口破英文與Steve聊過幾句後，心裡正覺得還挺談得來的，正打算開口問他是否要一起到美瑛吃晚餐時，他就先開口邀請我了！我們在拉麵店吃了晚餐又喝了清酒，結帳後才一走出店門，Steve因為想體驗一下居酒屋，又開口邀我再去喝幾杯，回到YH後我們覺得不過癮，又去買幾瓶來喝，半夜十二點，在酒精催化下，我們喝累了，也聊累了。

一起來泡溫泉吧！

隔天早上外面正在下大雨，Steve還在睡，我正打算留個字條行李收收走人，就在把告別字條放到他床邊時，他起床了，看到外面下著大雨，他大叫一聲「damn it!」，然後轉頭問我今天有什麼計畫。就在我不知該怎麼接話時，他直接開口約我去泡溫泉，說是想體驗一下日本溫泉文化，我想反正雨不可能停了，於是就答應他了。

經過幾番波折，搞到快天黑才到達目的地。我們挑了一間離公車站牌最近的溫泉旅館，付了錢進到更衣間後，Steve就杵在那盯著我看，看得我怪不自在。我脫鞋他就跟著脫鞋，我脫衣他也跟著脫，看他一副戰戰兢兢的模樣，就知道他完全不知道日本的澡堂禮儀。我一邊示範，一邊用簡單的英文教他。

美日混血的Steve。

澡堂內除了我跟Steve之外，還有一位五、六十歲左右的歐吉桑。他聽到我們以英文交談，好奇地問我們是從哪裡來。歐吉桑因為工作出差到美瑛，下班後跑來這兒泡溫泉。他完全不會說英文，而Steve完全不會說日文，於是我就理所當然地當起翻譯了。

跳脫計畫也有小樂趣，這才叫背包客旅行

我們邊泡邊聊天，不小心泡得太久了，三個人全身都紅通通的。在更衣室換好衣服後，歐吉桑給我們一人二百日圓，指著賣牛奶的自動販賣機說：「自己挑一罐吧！」原本我們都覺得不能收下這錢，但他笑著說：「小錢不用太在意。」便坐到椅子上，笑咪咪地看著我們。我告訴Steve，泡溫泉或去澡堂洗完澡後喝一罐牛奶可以說是日本的傳統，而且一定要一口氣喝完一瓶。不過Steve似乎沒開過瓶口有厚紙片與塑膠膜的牛奶瓶，研究了老半天還打不開，於是看著我有樣學樣，卻因用力過頭把牛奶噴得滿地都是，看得歐吉桑直拍大腿大笑他的拙樣。

一回到YH我們就把路上買的酒拿出來喝。Steve拿出他的

iPod接上小喇叭，播了幾首不知名的樂曲，說這是他在美國
組的樂團錄製的CD。我有點驚訝，因為我還以為這是哪個樂
團出的唱片。不久他又拿出旅行用小吉他，隨著音樂旋律開
始伴奏。茫茫中，他到底彈了幾首，我們到底喝了多久，我
完全不知道也不記得，只知道我們倆邊喝邊彈好一陣子直到
酒喝完，倒地而睡為止。

　中富良野的YH剛好在我想投宿時放假，讓我偶然認識
Steve。突來的一場雨，讓我多了一個特殊體驗。我不知道若
一切依照計畫，我是否會遇上更好的事。但我現在知道就算
一切都不按照計畫，也不一定就是壞事。

忘了問姓名的日本中年人與Steve。

抽到上上籤的
背包客別墅

　　小豆島是位於瀨戶內海的一座島嶼，大概和澎湖差不多大小。原本並沒有打算造訪它，但在經過香山縣時，正好氣象報導說之後連續幾天都將下大雨。而我又得知方圓一百公里內最便宜的住宿地點就在小豆島上的Rider House，於是決定到那裡避風頭，順便參觀。

　　RH通常是不供餐，但提供廚具，一律自行解決。不過即將前往的RH地處偏僻，若肯付錢管理員可以準備早晚兩餐，但中餐依然還是得自己想辦法。所以在到達渡輪港口之前，我就買了一堆糧食塞滿自行車袋。這間RH的管理人也挺有趣，說可以帶食物或酒當見面禮，若是他喜歡的話住宿費可以打折。因此，找買了六罐啤酒打算「賄絡」管理員。

千圓山中別墅

為了確認管理員在家，我先打管理員手機，但他說有點事可能會晚點回家，請我晚點再來。他又問我是開車還是騎摩托車，知不知道位置在哪？**我說是騎單車時，他嚇一跳說：「我這裡是在山上，騎單車上來很辛苦喔！」**我心想：「不會吧？真的假的？但是也不能現在才說謝謝再聯絡吧？這樣太遜了，好像我怕了一樣。」我故作鎮定地回說：「喔，我早已經查過資料。」**掛了電話，立刻拿GPS查高度，RH旁邊的等高線標示五百四十公尺。**再加上我要載賄賂品——六罐啤酒，還有自己要吃的數天份糧食，光想就腿軟了。

這裡真的是我要住的RH嗎？

　　到達小豆島時天已經黑了，往RH的路上沒有路燈，一路上都可以眺望四國和本州，風景美雖美，但是因為行李實在太重，我已經沒心情欣賞。到了RH門口時，被眼前的小木屋嚇了一大跳。我心想：「沒走錯路吧？這怎麼看都是度假別墅啊！」正當在懷疑時，小木屋裡走出一個人對我喊說：「你真的來了啊？厲害！」我一邊喘一邊跟管理人說我帶了六罐啤酒。管理人卻說：「我這裡啤酒太多了，搞不好還要請你載回去呢！」哈！除了笑自己，我也不知道我還能有什麼反應。管理員看我這麼喘，幫忙提了一個後車袋進屋。

別墅周邊一景。

　　雖然很想趕快去洗澡暖暖身子，但管理員準備了一堆話題，似乎沒有意思要放我走。管理員的名字叫田邊，也曾騎著摩托車四處旅行。在北海道旅行時受到很多人的幫助，又覺得RH是一種造福單車與摩托車旅行者的住宿場所。於是就在存點錢後，在小豆島的別墅區買了這棟小木屋經營RH，算是報答昔日在北海道幫助過他的人們。我不解地問田邊先生為何挑這個地方買度假別墅來經營RH，真的划得來嗎？田邊先生卻告訴我，這裡的別墅都是九十年代日本泡沫經濟期所建，房價其實非常便宜，靠著微薄的收入自己一個人過活已經足夠。

用六十吋大電視看電影，超爽的！

　　這間RH住一晚一千日圓，就價格來說，一千日圓的RH算是很平常。但只要看到裡面的設備應該都會覺得這一點也不尋常。屋內的設備，我只能說，只付一千日圓實在很過意不去。這裡有淋浴間、無線網路、各種烹煮工具、免費的咖啡跟茶。**最誇張的是只要事先告知田邊先生，經過他同意，就可以使用六十吋大電視加5.1聲道喇叭看LD、DVD或電視！**

　　原本以為這次抽到下下籤，為了省那幾千日圓跑到這鳥不生蛋的地方，但事實上卻是抽到上上籤。買不起別墅沒關係，來這裡只要一千日圓就可以住別墅一晚。

住宿期間正好遇到大雪。

雪地露營
之身心煎熬記

　　日本海沿岸各地由於受冬季季風影響，幾乎每天都會下雨或下雪。在經過數天的折磨，我決定由群馬縣經國道120號到日光，躲避這惱人的天氣，沿著太平洋繼續我的旅行。國道120號是一條山道，日後才知道原來這條道路也是知名動漫《頭文字D》的其中一個場景。

　　原本計畫從山路另一端的沼田市出發，預計下午三點就可以到達山頂，然後在天黑之前一路滑到日光。但隨著高度攀升，看著道路上的積雪越來越厚，漸漸發覺我的計畫似乎行不通。但總算是在太陽下山後兩分鐘趕到了露營區，不過見到空地早已經積了一層厚厚的雪，今晚肯定得在雪地露營。

位於道路對面的原預定紮營地點。

今夜的晚餐：
泡麵、水果與吃不完的剉冰。

我像一條躺在冰上的魚

　　因擔心晚上又會下雪，所以選擇在已經歇業的商店屋簷下搭帳篷。搭好時天色已經全黑，我匆忙地把東西全部丟進帳篷，人也趕快躲進裡面。這裡的溫度感覺不比北海道低，但是人躺在雪上，即使躲在睡袋裡，背脊還是傳來陣陣寒意，我再把北海道沒用完的暖暖包全丟進睡袋，希望能減緩體熱的散失。現在我可以理解魚被放在冰上的感受，希望我還看得到明天的太陽，不會就此一覺不醒。

　　才剛入睡不久，遠處傳來的改裝車引擎聲，劃破一整片的寧靜，昏沉之中，被引擎聲驚醒過來，最後這些噪音停在我的帳篷前。這時一位語氣輕浮的人先開口說：「這是什麼搭法啊？好厲害！」看來他們對眼前的「奇景」感到興趣，我心裡想：「不會吧？在這個海拔一千七百公尺，沒路燈又積雪結冰的地方，居然會遇到飆仔？」通常在尋找野營或露宿的地點時，我都會故意選擇沒有燈光，遠離道路或步道，有遮蔽物的地方紮營。因爲我認爲發現我存在的人越少，遇到的麻煩也自然越少。**我以爲在這荒郊野外不會有人來，所以直接把帳篷搭在國道旁邊，看來這個思考方式是錯的，有些事情就是得到荒郊野外才能做。**

馬路上的積雪還留著昨晚飆仔們的車輪印。

凍壞了還遇上飆車小子的調戲

　　剛開始心裡想著，反正車子的引擎聲也吵得我無法入眠，乾脆出帳棚與他們交流，但最後還是因為疲累而作罷。我靜靜地坐在帳篷內，聽到他們還在談論我的帳篷跟單車，這時最先開口且語氣略帶輕薄的大男生突然說：「怎麼沒人出來？裡面不會是女的吧？」我心想：「你該不會想『調戲』我吧？」於是心裡開始做最壞的打算。他們有四個人，四台車，聽聲音年紀像是二十左右，我在腦中做了數種情境演練後，繼續靜靜聽他們對話。十分鐘後，其中兩人先離開再去飆了，另外兩個則開始討論起雪地過彎的技巧。聽了十幾分鐘，確定他們的注意力已經不在我身上，且那位像帶頭的人口氣也比較正經了，確認自己應該不會有危險後，才又躺下來閉目養神，直到近十一點時他們離開後才睡著。

當自己信心滿滿，認為一定不會有意外發生時，
就是意外發生的開始。

　　凌晨五點左右再次醒過來，不是已經睡飽，而是躺不下去了，雪地露營真辛苦啊！昨晚睡著後，**每幾十分鐘一定要翻個身，不然接觸地面的身體會越來越冰，即便把全部的衣服從車袋裡掏出來當墊子，睡一晚也教人「凍未條」**。在收帳棚時，國道上的車已經開始變多了，全都是往滑雪場的方向走，每一台車經過時都會降低速度往我這邊看。看來我比山上的野猴或野鹿稀奇許多。

　　出發前我在四處又晃了一次，結果發現昨晚原本預定紮營的營地積雪深厚，除了一些動物的腳印外，根本杳無人跡。有一兩處因為有屋簷，所以積雪不是很厚。要是昨天早個二十分鐘到達，先來探環境，即使得涉過數十公分的積雪，我應該還是會選擇在這裡紮營，也就可避開昨晚不愉快的經驗。不過說都是馬後炮了，只能說自己太過鬆懈，而運氣又差吧？

被體溫融化的雪。

850日圓的流浪漢旅館

　　抵達大阪時，我原先選擇較接近新大阪車站的YH，當晚與老同事聚餐時，從其中一人口中得知，YH並不是大阪最便宜的住宿選擇，他告訴我天王寺區的旅館一晚只要一千日圓。起初還半信半疑，回到YH後利用網路查詢後發現，別說一千日圓了，還有住一晚只要五百日圓的！那豈不是比國軍英雄館還便宜？對貧窮旅行者來說，住宿費當然是能省就省。如此便宜的旅館豈能放過？於是隔天早上把行李包一包，隨即遷往新大阪車站南方約十公里的天王寺區落腳。

　　到達天王寺區時，我剛開始還有點懷疑是不是走錯地方了。這個區域的環境衛生十分差，還時時可看到路邊堆放著棉被、紙箱與垃圾，但看著馬路兩旁林立的旅館，我想同事口中的便宜旅館街應該就是這裡了。

附近的跳蚤市場。

流浪漢都聚集在這一帶。

到處都是凌亂的景象，空氣中也飄散著難聞的氣味。

　　我隨便找了一家過夜一千日圓的旅館，一進去櫃台的人就很不客氣地表示已經客滿。之後幾家，不是櫃台沒人直接放個「客滿」牌子，不然就是被不客氣地掃出門。其中一位比較熱心的櫃台人員告訴我，現在已經快過年了，這一帶大概都客滿了，要找房間的話去大馬路對面可能比較有機會。不過我到另一條巷子找時，又出了一堆問題。房間是有，但是每一間旅館都說一定要連住十天，並且要先把錢繳清，否則很抱歉，請回吧！這時眞的很想打電話去公司罵以前的同事，要給情報也不給清楚一點，搞得我現在不知如何是好。

　　這時，有一位旅館的老闆看我找這麼久，便向我說明爲何每間旅館都不願收短期住宿的旅客。他說，再過不久這裡的旅館會放年假，旅館的管理人都不在，若房客住幾天就辦Check　out，他們又得要跑回來處理，所以只收能住到年初五以後的旅客。這已經是這裡不成文的規定，這裡的房客都知道這個規矩，每間旅館每年都是這麼做。

正在思考是不是該放棄的時候，我發現一間比較舊的旅館，就在我抱著姑且問問的心態進去詢問時，櫃台人員告訴我有，但是還是一樣要住到年節過完。我心裡想就算一次付十天的錢，也不過是八千五百圓，去比較好的旅館搞不好還沒辦法住兩天。我還是跟老闆討價還價，最後就以住九天七千六百五十圓成交。

@#&＊%※ 這應該是監獄吧！

但是進去看了我的房間後，我有點後悔，這根本不叫旅館，這是個人監獄。**一個人的房間只有約一坪大，雖然旅館內有空調，但內部空氣很糟，從空調內吹出的空氣飄散著一股很難形容的異味，若不開窗戶可是會受不了，而裡面住的人與其說是旅客，不如說是定居於此的流浪漢。**

就在我心裡發牢騷的同時，突然想起中餐還沒吃，於是跑去問櫃台離這最近的超市在哪裡？櫃台人員順口就說：「就在那間福祉中心附近，你應該知道在哪吧？就在中心的斜對面。喔！對喔！你沒去過福祉中心。」聽到這幾句話，我幾乎可以確定這裡大概是什麼地方了。

買完東西後，在回旅館的途中，我開始注意附近的環境，這裡四處可以看到有人隨地小便，地上到處有棉被，以及

很多坐在橋下發呆的流浪漢，看來這裡應該就是所謂的貧民窟。我笑了兩聲，一邊咒罵我的同事居然介紹我到這裡來，一邊又感謝他讓我看到日本黑暗的一面。**若是我沒來到這裡，應該永遠不會知道原來日本還有這種地方存在。**

洗澡時，看著鏡子裡的自己，我又對著鏡子裡的自己笑了兩聲，算一算這次來到日本也已經流浪了快三個月了。看我現在這副模樣，住在這裡絕對不會有人覺得不搭調，或許前同事就是看到我這副模樣，所以才介紹我這區的旅館吧！

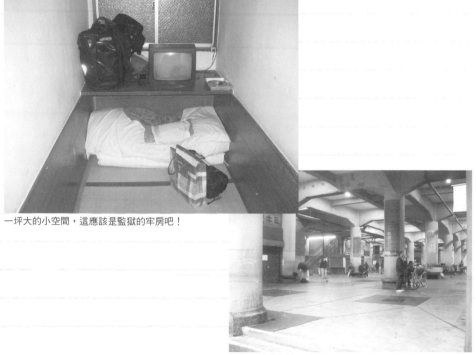

一坪大的小空間，這應該是監獄的牢房吧！

這就是傳說中的福祉中心。

91

交朋友比手畫腳嘛ㄟ通

坐船前往沖繩的途中，碰巧在船上遇到在鹿兒島有一面之緣的荷蘭夫婦。上次碰面時，彼此並沒有自我介紹，但這次我們就在船上的大廳裡聊了起來。談話中得知他們的名字分別為Arnoud和Franneke。由於他們正打算順道到台灣，所以很興奮地拿著台灣導覽書問我一堆問題。又問我到沖繩後打算住哪裡，只是沒想到我們都打算到同一家GH投宿。

某天晚上Arnoud和Franneke逛街吃晚餐後回到GH，看我一個人待在客廳裡盯著NB發呆，Arnoud便問我要不要玩骰子遊戲。我告訴他我英文不太好，應該學不會，他卻說，在歐洲旅行時，某次在火車上教一位語言完全不通的匈牙利人玩這遊戲，一句話都沒講那人就學會了，果然如Arnoud所言，我很快就學會了。

玩了數場下來，喝了無數的酒，大家都有點醉也有點High，為了想喝酒，我們跑到吸菸區去跟GH的工作人員買酒，沒想到工作人員帶我們到冰箱旁邊，打開冰箱門對我們說：「被你們喝光了。」

Amoud說不用會講英文都能玩的骰子遊戲，大家果然玩得不亦樂乎。

幸好他願意幫我們到附近的便利商店買，結果他去了很久大家等得有點不耐煩，我開頭大喊「I need beer!」並拿起喝剩的三分之二泡盛，倒進小酒杯裡。Arnoud和Franneke也拿出酒杯示意要喝，斟滿酒後，大家舉杯用日文說「乾杯」。我告訴他們到台灣不能隨便說「乾杯」，那意味著要全部喝掉，Franneke卻說：「So? Why not?」於是三個人用台語大喊「乾杯」，一口氣喝乾了剩餘的泡盛。

用酒也可以拉近大家的距離

約過半小時，啤酒終於買來了，大家開始瘋狂大叫，像飢民一般衝向前去搶啤酒。工作人員拿啤酒給我們時，請我們安靜不要吵到鄰居，在彈吉他的Franneke開始還以非常小的音量彈起吉他，沒多久兩位美國人也跑來參一腳，Franneke告訴他們，剛剛工作人員要我們安靜一點，美國人聽完後大喊：「Bull shit!」逗得在場的人又開始瘋狂鬧起來，其中一對荷蘭夫婦隨著吉他

人手一啤酒、一樂器。

荷蘭籍單車旅行者夫婦。

荷蘭籍單車旅行者夫婦的單車，至今已經跨過歐洲與亞洲的十六個國家。

旋律也以電子琴伴奏起來，而那兩位美國人也拿出自己的吉他，隨著節奏開始自彈自唱，我什麼樂器都不會，只能在旁邊用酒瓶打拍子。

半夜兩點，每個人都已醉得東倒西歪，Franneke和旁邊的荷蘭籍夫婦被我的滑稽樣逗得大笑，在場的各位看著我發酒瘋，在旁邊不斷發出笑聲。不一會兒，Franneke扶著Arnoud回房，我也在不知不覺之中，拿著自己的背包回到房間。

在到達沖繩後，我一直對我的英文能力不足，無法與不會說日文的歐美人做深層交談而感到懊惱，但在這一刻，我突然發覺不須要在意這些。英文不好？無法表達自己想說的話？沒關係，就喝吧！就唱吧！瘋狂吧！吶喊吧！當氣氛熱到極點時，所有我想表達的，只需要一個單字，一個動作，就足以傳達。

義大利：佛羅倫斯

李思瑩・英倫懶骨頭
沉溺旅行的夫妻檔，奉行
「趁年輕就要開始體驗人
生」的座右銘，除了工作
積攢旅費之外，空閒的時
間最愛蒐集旅遊資訊，曾
自助旅行於歐洲十餘國，
目前仍持續擴展旅行版圖
中，著有《開始在冰島自
助旅行》、《Traveller's
倫敦》。

恐怖旅館皮皮挫
驚魂夜

　　每一次的旅行都充滿期待與興奮，但不是每
一次的旅行都有愉快的經驗與回憶，尤其住到
令人不寒而慄的恐怖旅館時候。

　　那一年，是懶骨頭在英國的第一個多天，飛
往鄰近歐洲國家的機票票價，總是便宜的讓人
連作夢也會笑，懶骨頭買到一個人20.5英鎊倫敦
Gatwick機場到米蘭Linate機場的超便宜來回機
票，出發的前一天晚上，即使外面飄著細細白
雪，心裡還遙想著義大利的美好景色、佳餚美
饌以及迷死人不償命的帥哥美女，直到坐在飛
機上，我和小兔難掩興奮的在心裡大叫：「義
大利，我們來囉！」

佛羅倫斯著名的景
點：Ponte Vecchio，
意思為「舊橋」。這
是佛羅倫斯城裡橫跨
亞諾河橋樑中最古老
的一座，目前是各種
珠寶等特產商店的集
中地。

位在市中心的百花大教堂，精雕細琢，1982年被選為世界文化遺產。

　　那年安排的義大利行程，預定在佛羅倫斯停留三晚，打算好好深入體驗徐志摩喜愛的翡冷翠。由於初嘗自助旅行，我還是個省錢刻苦的好青年，還不懂得出國度假就是要放鬆、要愉快、要吃的飽、住的舒適的最高指導原則，因此一切以省錢為目的，出發前在住宿網站上訂了家二星旅館，照片看似寬敞、乾淨，價錢也還算便宜，而且位在鬧街上，應該很方便，也就一口氣連續訂了三個晚上，沒想到惡夢就此開始。

中古世紀大宅門旅館，超有「Fu」～

　　旅館位在市中心的鬧街上，距離佛羅倫斯地標──百花大教堂（Santa Maria del Fiore）步行只要兩分鐘，地理位置絕佳，心裡滿是期待，當我們到達車站時立刻聯絡旅館負責人，相約在教堂前碰面，不久，這位高帥迷人的旅館負責人出現了，微笑的帶我們到房間Check in。你一定會問，沒有Check in櫃檯嗎？當然沒有，因為它就是一般的住家，所以要讓旅館負責人出來接你，**當時心裡覺得真是太酷了，出國住**

宿就該住比較有「特色」的旅館才是。

　　旅館本身是百年舊公寓改建的，外觀樸實，大門是至少有
2.5公尺高且厚重的大木門，很像中古世紀的大宅門，推開大
門是陰暗的大螺旋梯，拾級而上只有昏暗的燈光相伴，心裡
想義大利人真是會搞浪漫，接著打開房門後，老闆簡單介紹
設備與使用方法，交代一下如何歸還鑰匙後隨即離開，留下
興奮的我們兩個。

　　仔細環顧房間，是大約十坪大小的樓中樓，有客廳、廚房
與衛浴，臥房在樓上，挑高的部分佔了一半的面積，連接樓
上樓下的圓形陡峭螺旋鐵梯竟狹窄到僅容一人行走，屋內天
花板沒有一盞日光燈，只有門口的立燈及窗邊的小檯燈，心
裡不禁開始嘀咕著，這不會太暗了點嗎？難道義大利人是在
黑暗中也看的見東西的貓頭鷹嗎？**繼續往裡面參觀，廚房設
備又老又舊，爬滿陳年油垢，附設的鍋碗瓢盆像是路邊攤回
收使用般的陳舊，浴室包括浴缸則是用一塊塊小馬賽克瓷磚
貼成，很像是三十年前台灣的老舊公寓，角落還佈滿了蜘蛛
絲，就差沒蜘蛛了。**

　　登上樓梯就是開放空間的房間，一張大床，一盞昏黃微弱
的檯燈，應該是搞浪漫用的吧，但奇怪的是，房內三面牆壁
鑲滿整面大鏡子，讓人無所遁形，難道這裡以前是做「SPE-

CIAL」的嗎？一個大房間總共只有三盞燈，讓人心裡感到毛毛的。既然都來了，心想先出去玩玩再說，旅館的設備只要過得去就好。

跳電摸黑的夜晚，連月光也陰森

冬天的義大利很冷，玩了一天回到旅館後打開全部的燈，也只能在昏黃的燈光中半摸黑，我正在洗熱呼呼的熱水澡，小兔則貼心的用台灣帶來的電湯匙，煮熱水去去寒氣，就在此時，「碰」的一聲，居然跳電了，頓時屋內一片漆黑，黑暗中找不到電源的總開關，唯一能仰賴的光線，只有從窗外照進來的一輪皎潔的明月(電湯匙容易跳電又危險，建議不要再使用了)。

我們在屋內摸個老半天都摸不著電錶，在不知所措的情況下，只好出門走到百花教堂外的公共電話亭打電話找老闆，打了無數通都找不到人，回到房間只能依賴窗外的月亮，兩個人縮在一起，心裡害怕極了。月光雖然明亮，但**月光照射進來把我們的影子投射的更清楚，再面對三面超大鏡子，此時沒有浪漫感，只有陰森的恐怖感**，這時彷彿還聽到門外有人走路與說話的聲響，但記憶中這層樓只有我們啊！該不會是阿飄吧！天啊！我只想趕快離開這鬼地方。第一個晚上就

遇到這種事，還要住兩個晚上，整個情緒已Down到谷底。

隔天天亮，連絡那個帥氣的旅館老闆，幫我們找到總開關，雖然沒再跳電了，但還要繼續硬著頭皮住兩晚，整個心情都High不起來。**這次經驗讓我深深了解，網路的旅館照片可能會失真，因此要找有網友評價過的地方比較有保障**，最起碼安全、乾淨、舒適，不要像我們一樣誤闖鬼屋才好啊！現在網路上已經找不到這家旅館的資料了，我猜應該倒了吧！

登上百花大教堂的鐘樓，可以欣賞到一整片紅屋瓦的佛羅倫斯市景。

連大師米開朗基羅也讚嘆不已的百花大教堂圓頂。

下功夫找
便宜還是有好貨

　　每一次自助旅行的經驗，都是下一次旅行的指導方針。自從義大利的鬼屋住宿經驗後，對住宿品質的要求越來越高，每次旅行前總花費不少時間搜尋住宿，在選擇住宿上絕對不能讓小兔失望，一定要讓她滿意的讚不絕口。心態上總有著即使多花點銀子也是值得的想法，不過在這次奧地利行程中的美好經驗，又讓我相信便宜也是有好貨的。

　　冬末春初的奧地利之旅，大地還是一片蕭瑟，走過天色灰暗的維也納及美麗的奧地利湖區，天氣隨著我們一路往西走越來越好，旅行的最後兩天，當我們落腳在莫札特的故鄉，電影《真善美》的背景地薩爾斯堡時，迎接我們的是湛藍的天空與一片湖光山色。

廣場上下西洋棋。

薩爾斯堡的莫札特之家。

　　這次的住宿選在薩爾斯堡的市郊，缺點是距離市中心遠了點，要搭二十分鐘的公車，但是價格合理、設備新穎、附近環境清幽、早餐豐盛，且網站上有每個房間的照片，我在各大旅遊網站及部落格上反覆瀏覽網友們的評價，這回踢到鐵板的機率應該會很小才對。

　　這間民宿周遭是一片視野遼闊的原野，遠遠的阿爾卑斯山麓像天然的屏障座落在遠方，**從民宿的外觀看來非常漂亮且新穎，門口的擺飾與鮮花點綴的美輪美奐，寬敞的院子裡還有個游泳池，歐式的庭園讓人心情愉悅**。按鈴進入後，男主人熱情的幫我們Check in，並詳細解說附近景點與房間設備，客廳與餐廳擺設古典且溫馨，牆上的畫作與播放的音樂，讓人深深沉浸在猶如夢幻的世界中，但真正夢幻才要開始呢！

民宿建築是典型的鄉間小屋，庭院中還有游泳池。

設備美氣氛佳，白天看山晚上觀星，這才叫做浪漫！

我們的房間在二樓，樓梯間的布置高雅大方，雖然現代卻仍保有歐洲的古典氣息，**打開房門映入眼簾的是寬敞明亮的大房間，雙人公主床、浪漫的白紗幔、優雅的燈飾、現代感的衛浴設備與寬敞大陽台，這一切該不會是在作夢吧！**站在陽台上白天可遙望雄偉的阿爾卑斯山，夜晚可仰望滿天星斗，氣氛設備都屬一流，這才是浪漫的最佳代名詞。

雖然主屋與民宿棟是相連的，但各有大門出入，晚回來不會打擾到老闆一家。那天晚上回來較晚，恰巧遇到老闆在一樓客廳，和老闆聊了幾句正準備上樓休息，一隻可愛的白毛

小狗從主人的房間通道向我衝過來，又搖尾巴、又舔臉頰，好不熱情，老闆說這隻狗喜歡我，順勢和牠玩了一下，老闆很貼心的問我們吃過晚餐了沒，還熱情的煮咖啡與餅乾招待我們。談話中老闆跟我們分享他對台灣人的好感，我們也表示有許多網友推薦他的民宿，對這裡讚不絕口，當時心裡覺得溫暖無國界，只要真誠相對，走到哪都能收獲滿滿。

老闆有一隻很會「交關」的狗，為民宿加分不少。

對於住宿，安全是最優先考慮的要素，其次才是價錢，
出發前做足準備功課，才能把錢花在刀口上。

　　這次的薩爾斯堡住宿經驗真的好的沒話說，不只氣氛好、
早餐美味可口、主人親切熱情，還有一隻很會「交關」的可
愛長毛小白狗，重要的是他們對民宿經營的用心與熱忱，吸
引了許多各國的旅人來投宿。由於生意興隆，房間數也在慢
慢增加中，因為他們知道，住宿房價有高低之分，但旅行的
美好經驗卻是無價。

溫馨又超值的公主房，還有個大陽台。

住宿客出入的大門，門外的擺設足見老闆的用心。

丹麥：哥本哈根

陳奕伸 Mike
輔仁大學中文系、荷蘭
CHN觀光碩士畢，目前
旅居荷蘭。熱愛旅行、時
尚、黃金獵犬和葉歡。自
認唯有放寬心去旅行，才
能真實享受到異國的魅
力。作品有《荷蘭人上
菜》、《開始在荷蘭自助
旅行》、《學荷蘭人過生
活》等。

騙吃騙喝
的英國夫婦

　　結束了在瑞典的腳踏車旅行後，我們從赫爾辛堡（Helsingborg）坐船到哥本哈根，繼續接下來的丹麥之旅。哥本哈根的露營區離市區並不遠，又適逢夏天，因此擠滿了遊客和帳篷。

　　好不容易找到了一個位置，歇歇腳，喘口氣，把帳篷搭好，取出在超市買的食物，升火準備晚餐的番茄義大利肉醬麵。正當香噴噴的麵條大功告成之際，突然有一對夫婦站在我們面前，臉上一付困窘的表情，低聲下氣的表示，他們從倫敦一路前往丹麥的路程中，不小心把帶來的炊煮用具給摔壞了，而且這個時間恐怕商店都打烊了，可不可以分點食物給他們？

在河邊露營還能享受垂釣的樂趣。

趁陽光大好的時候，趕緊曬衣服，同時研究下個行程的路線。

看看天色，的確是晚了，我們能體會旅途中無助的那種心情，看著疲憊的倆人還餓著肚子，便爽快地邀請他們一塊兒用餐，這鍋麵應該還夠四個人吃。

女士還算客氣，捧著盤子，口中仍頻頻說著不好意思，可是她先生可就不一樣了，**打從坐下來，從未專心理會我們的談話，有一搭沒一搭，他的眼神緊緊盯著鍋裡的義大利麵**，就像餓虎撲羊，好幾天沒吃一樣。最誇張的是，我們可是一番好意，這位老兄吃完一盤後，非但沒先開口，反而是順手把鍋裡剩下的麵條全給撈光了。我和我朋友錯愕對看，心裡直嚷：「怎麼會有這麼厚臉皮的人？好歹也應該禮貌性的問問我們才是！」好在當天我們買的優格和餅乾還放在帳篷裡沒拿出來，否則全給他吞了！

這次換到別家倒楣了

隔天一大早，我們出發前往哥本哈根市區旅遊，直到傍晚近八點才回到露營區。正當我們在廚房清洗蔬菜，一位妹妹跑進來，對著旁邊一位在洗碗的女士喊著：**「媽！有一對夫婦說他們的炊具壞了，問我們還有沒有剩下的食物？」**

　　我們心想，這該不會就是昨晚那倆個餓鬼吧？後來我們尾隨這位女士走到她的帳棚，躲在附近的樹後觀望。果然不出所料，這對夫婦正上演著同樣的戲碼，手裡拿著壞掉的炊具，喬裝一派可憐的模樣，朝著帳棚主人卑躬屈膝。看來，今晚的倒楣鬼輪到這家人囉！

　　不過，停留哥本哈根的這幾天，也有遇到親切友善的遊客：招呼著一起烤肉的丹麥家庭，與我們分享了先前在斯德哥爾摩當地露營的難忘回憶；同樣是騎腳踏車旅行的法國旅客，熱情地和我們交換了腳踏車路線及心得。因爲這些愉快的經驗，讓我們對前晚那對可惡夫妻騙吃騙喝的行徑也早拋在腦後了。

經過了一天的旅程，大夥兒歇歇腳，一塊兒炊煮，準備啖享美味。

擾人清夢的三張嘴

　　位於里斯本市郊設有一座大型的露營區Bungalows，從里斯本中心搭乘公車前往大約是半小時車程，所以這裡非常的安靜，完全聽不見任何來自市區的擾嚷或車流的噪音。露營區本身建在山丘上，同時是一座占地相當廣大的運動公園，規劃及設備方面都相當地完善；區內環境也極為整潔，最重要的是一晚只要九歐元的價格，深受遊客們的喜愛。特別是早晨時段，空氣清新，有不少的遊客一大早起床，在公園裡慢跑。不過，這麼安靜悠閒的露營環境，偏偏就是有殺很大的白目遊客。

　　某晚，我們從市中心回來，發現隔壁多了幾位鄰居。當時帳篷裡沒人，直到我們就寢沒多久後才從旁聽到窸窣的腳步聲。幾位口操法蘭德斯語的女生，簡直就像進菜市場買菜論斤論兩，開始七嘴八舌起來。這下可好，原本想說忍忍就算了，她們應當自有分寸，不會聊得太晚才是。**可是這幾位大小姐實在太可惡了，聊起天來簡直一發不可收拾。**越聊越盡興，越笑越開心，

里斯本露營運動公園。

完全沒有想到她們嘈雜惹人厭的嘻笑聲不但破壞了寧靜的夜晚，亦惹得該區露營的遊客無法入睡。

我也一發不可收拾的開罵

最後，我們再也按捺不住，忍無可忍，很不客氣的直接走到他們面前說：「我們真的不介意妳們聊天，因為露營談天是一件很快樂的事，更不介意聽妳們那些不堪入耳的內容，要睡不睡更不關我們的事，可是這裡有很多遊客旅行一整天都累了，只想好好休息，明天一大早還要繼續他們的旅程。如果妳們不希望自己的男朋友因為妳們很吵而提出分手的話，那麼妳們可得先學學如何在公共場所內保持安靜！」

沒想到，這三個人也有安靜的時候，面面相覷了一會兒才聽見其中一位很不情願的說聲「We are very sorry」。誰知道我們才剛轉身離開，這幾位大小姐又開始嘟嚷起來，想必對我們的抱怨微詞連連。漸漸地，才還給大家寧靜的空間。

然而，這時已經過凌晨四點了……！

以騎腳踏車和露營的方式旅行最能貼近大自然。

禁地偷露營之
越夜越「風」狂

　　冰島是我最喜歡的國家，可是它惡劣的天候也讓我留下深刻的回憶。

　　汀佛里爾國家公園（Pingvellir National Park）在冰島相當受到保護與重視，因此這裡其實是不允許露營的，理所當然也不會有專門的露營區。可是偏偏我和朋友都很喜歡這裡的景色，於是決定冒險留宿一夜。

　　當天下午的天氣還不錯，沒想到傍晚用完餐過後開始起風，原本還有彩霞的天空，漸漸烏雲密布。這下心裡開始慌了，風這麼大，只剩我們和三、四個遊客，四周又是一片荒蕪，也沒有遮風擋雨的樹木。該如何是好呢？這時想起了我們的帆布。

如彩點般的帳篷點綴著冰島的山丘。

近來，騎單車旅行已蔚為風氣。

有鑑於先前在瑞典露營遇到下大雨的經驗，這次特別帶了兩大塊帆布，出發前被視為多餘的行李，果真在這個時候派上了用場。帆布的功用在哪裡呢？一個是蓋頂，另一個就是墊底。主要是防止帳篷因為雨水而淋濕，否則篷頂就會滴水，篷底下也難以倖免。假使沒有這兩塊帆布的幫忙，睡袋、毛毯和行李都會因此濕透。行李濕了不打緊，若要是睡袋和毛毯濕了的話，就別想睡覺了。就寢前，我和朋友趕緊再加釘數個鐵釘，讓帳篷更加牢固。

小帳篷遇上大風暴，真的好狼狽

還不到十二點，風越來越大，兇猛的程度一點也不輸給台灣的十級颱風。整個夜裡，輾轉反側，半夢半醒，忐忑不安，深怕整個帳篷就這麼給吹走。看了看手錶，啊，才兩點半而已！這越怕，時間就過得越慢。沒過多久，外頭唏哩嘩拉，真的下雨了。雨滴重重地打落在帆布上，帳篷更是被吹得嘎吱作響。我扭開手電筒，仰頭檢查帳篷四周內是否依然完好如初；猛一個念頭又想到電影《天搖地動》的情節，**雖然不是在海上，可是風的呼嘯聲宛若鬼哭神號，眼看帳篷被吹撐，好像馬上就要掀起來一樣。**心裡胡思亂想著，或許下

萬事俱備才能萬無一失，旅途中有許多你意想不到的突發狀況，
然而處變不驚，方能迎刃而解。

一刻我可能真的就掛在樹上？我會不會就在冰島消失了？黑暗的曠野裡，有誰會聽到我們呼救？我整個人縮在睡袋裡如驚弓之鳥，心裡不斷的禱告著……

不知道是什麼時候睡著的，眼睛一睜開，發現我還躺在帳篷裡，連忙向外探頭。清晨六點半，這天地是風平浪靜，好像什麼也沒發生過；再檢查帳篷，唯獨左下角裂了個口，其餘都還好。總算放下心中一塊大石頭，如此萬無一失得慶幸先前做好了準備工作，不然真無法想像後果會是如何。

度過了一個驚恐的夜晚，朋友轉頭跟我說，他很喜歡聽雨滴打在帆布和風吹的聲音！唉！我則是滿臉無奈，因為沒睡好，一身狼狽……

咱們在禁地露營算是錯誤示範，好比明知這裡不能游泳卻

誤闖禁區，假使發生了事情，後果可是不堪設想，大家還是要遵守當地的規定，千萬不要以為「不會怎樣吧！」

冰島的露營區大多坐落在空曠之地，卻也能遙望遠方的火山群。

夾腳拖鞋
從食品公司的公關，到旅遊網站當行銷企劃，幫過五百家的飯店寫過文案。因為愛上了旅遊、愛上了飯店，後來逃到了台東都蘭山下的一家溫泉酒店當起企劃主任，但終究不甘寂寞而選擇在上海重新開始。

中國人 vs. 日本人

在中國大陸雖然民宿沒有台灣來得發達，但他們的青年旅館及經濟連鎖型酒店確是日益蓬勃，尤其是一些青年旅館更是融合了地方特色，運用傳統的中國建築或素材，更是吸引很多國外的背包客前來。而在一個人的旅行中，青年旅館有時候也是讓你與其他陌生靈魂相遇的地方。

杭州湖中居民宿位於西湖風景區的趙公堤上，著名的景點「蓋叫天故居」就在它旁邊，此外它就位於西湖西線的主要位置上，不論是想往北或往南走的旅客都方便。旅館相對的幽靜，在晨昏時還可就近散步到杭州花圃和曲院荷風等，旁邊還有兩家茶館可以品茗享受農家菜，是相當理想的杭州西湖住宿選擇。

青瓦白牆為湖中居的寫照。

來自各地的背包客在夜裡可以在這裡喝茶聊天。

旅人的隨身衣物就這樣高掛在外，像是萬國國旗。 湖中居房間裡可以看到窗外的一抹綠意，成了夏日最好的天然空調。

中國青年旅館，氣氛真是獨一無二

　　和網路上傳言的一樣，**在Check in的兩位服務小姐是相對冰冷，但和我在上海一些餐廳所曾遭遇過的櫃台人員相比，她們已經是人間天使了**。旅館的後方有一個四合院天井，你可以看到旅友們很大氣的把內衣內褲就曬在陽台上，但這就是青年旅館的調調，而在交誼室，並沒有想像中青年旅館的熱絡，幾個看來也是來自內地的青年，有的橫躺，有的顧著上網，但也相對的帶給這家青年旅館更優閒安靜的氣氛。

　　我所訂的是大床房，雖然來到大陸開始下定決心要省吃儉用，但畢竟之前有幾次在國外住青年旅館Share房間的經驗，總是狂歡到深夜不得安寧，我想人年紀大了，還是寧可多花一些錢住單人房，而這間房間一個晚上是人民幣二百二十五元，折合台幣大約是在九百元左右，並有獨立的衛浴間，相較一些二星或三星酒店，算是很合理了，最重要的是，有扇面對竹林的窗戶，晚上還有全天然空調，早上還可以聽見鳥鳴水聲，就這個價位沒什麼好挑的。

旅館在中午不供餐，但有提供早餐和簡便的晚餐，我很喜歡在這裡享受早餐的氣氛，白色的牆配上古灰色的屋簷，還有門外清新的綠，這是絕對杭州的早晨，儘管只有簡單的吐司配果醬、培根，外加一杯咖啡與水果，但嘗起來卻是格外的幸福。

中國人果然走不出歷史的仇恨

我們都知道在青年旅館總是會期待認識熱情的外國朋友，但也有些人喜歡在青年旅館享受一個人的孤獨。就在我還在咀嚼著西瓜的多汁時，一位亞州旅友正向我對面的一個男生打招呼，「Hi, Can you speak English? I am from Japan.」只見對方在遲疑了一下子後，冷冷的回了一句「Yes!」好冷呀！頓時氣溫降到了冰點，我在想那個日本人應該很悶吧！只見那日本人很努力的想說什麼化解尷尬，對方又不急不徐的回答了第二句「Do you need help?」這時日本人只能以傻笑外加「No!No!」的尷尬表

湖中居的會客室裡還有一張古代的雕花床。

我以為青年旅館都是兼容並蓄的，原來，
那些書中所提的國仇家恨，在這裡還是一道難解的題！

情離開現場。他可能心裡只想認識個朋友哈啦一下，而那個男人卻只有冷冷的坐在那裡。

當時我只在想，為什麼不問我，我一定會用我這輩子所有會的英文熱情的來做國民外交，起碼「Hey, How are you doing? How's ur trip? I am from Taiwan.」這幾個字難不倒我，但也更加印證了我心理的猜測，**中國人果然還是沒離開日本侵華時的陰影！**

湖中居的早餐，簡單卻讓人感受到單純的幸福。　　湖中居的夜景。

無敵青春活力旅館

　　人過了三十以後，到青年旅館似乎變成了是一種冒險，倒也不是到了什麼窮凶惡極之地，而是生怕這個本該成家立業的年紀，從前的同學們個個都在學包尿布和計算著股票買進賣出的時機，我卻只剩這個剛買來的Columbia背包，學著和其他各國的年輕人打交道。仿古園，在古老的胡同中，展現了旺盛的青春，讓我本已遲暮的心靈，卻重新在這裡找到了新生命。

　　在金融風暴的浪頭上，我比別人更早體驗到了這波所謂的不景氣，但也許這些年已經習慣了漂泊，所以被Lay off對我來說只是暗示著另一段旅程的開始，這並沒有改變我原本的北京之行。我還是去了長城，到了天安門前拍了到此一遊的照片，也跟著人家去水立方尋找菲爾普斯奪八金的水道，到什剎海的酒吧佯裝小資階級。這一切，對我來說都是新鮮的，但卻沒有激起太多漣漪。

仿古園(紅燈籠客棧)的入口。

桃花樹加流水，十足超現實的紅燈籠角落。

那一天下午，還是尋著地圖找著仿古園，但顯然這次我的距離感失效了，我走了半個小時之後，才發現這段路程要比想像中的遠，覺得兩隻腳因為走了四天的路而開始發脹，背上的行囊也愈來愈沈，我開始後悔為什麼會想今晚待在那六人一間，每晚只要五十五元人民幣的青年旅舍？因為我好想這時有個白色的大浴缸，可以讓我在加了精油的熱水裡泡上一晚。但是，當我到了仿古園時，那個晾滿了衣褲的天井，似曾相識的感覺，我知道，尋求寧靜的休憩之處已經幻滅了。

白天像人民公社，入夜變迷幻夜店

仿古園其實是在台灣的背包客棧裡找到的，但和廣濟鄰與中堂客棧比起來，仿古園是一種風格迥然不同的胡同客棧，天井上方垂掛著幾串紅色燈籠彰顯著客棧主題，但**被天棚所遮蔽的陽光及方正的格局，讓這裡更有幾分像是人民公社。**中庭有一處怪異的水池造景，旁邊伴隨著塑膠桃花樹，有幾分的超現實感。

下午時分，我只想趕快找到屬於我的床位和換洗已經穿了四天的衣物，慶幸的是，六人房的室友們似乎都不在，只剩下那一個個宣誓地盤與主權的包包橫陳在不同角落。快速送洗了衣服後，試著讓自己闔上了眼，因為我知道當這些床位的主人回來後，這將會是漫長的一夜。

一陣的腳步聲，夾著中庭所放的流行音樂把我吵醒，夜後的紅燈籠，流露著一種像是**Club般的迷幻風格，透過了紅色燈籠散發著一種夜店的氛圍**，而黑夜掩蓋了原本粗糙的陳

設，中庭的那株塑膠桃花，似乎也活了起來。陸陸續續背包的卞人們回來了，像是一個小型聯合國，你可以聽見德文、法文、英文，當然也有中文，這陣喧囂，讓仿古園的夜裡更熱鬧了。

中庭到了夜裡搖身一變成了別具風情的酒吧。

來自各地的背包客在夜裡可以在這裡喝茶聊天。

酒精與音樂的催化，客棧之內皆是兄弟，而天一亮，背包上肩，
大多數人還是選擇用自己的方式來走完這趟旅程。

完全掩飾不了我是超齡背包客

　　過了九點後，我才發現住客比我想像中多，整個客棧變得像是上海時尚夜店，每個人幾乎人手一瓶啤酒，大夥開始交流今天旅行的心得，而和我同桌的，一個是從成都來自助旅行的中國女孩，另外**兩個來自波蘭的大男生，還有一個來自上海的男學生。交談之間，我似乎還是無法掩蓋我這個超齡背包客的尷尬**，說真的，隨著夜愈深，大家愈是酒酣耳熱，我對於那些「How do u think of China?」的問題有些疲憊了。

紅色的喜氣在這裡隨處可見。

　　為了讓大家延續這個熱絡的氣氛，但又不打擾其它的房客，客棧在十一點後會關掉音樂和中庭的燈光，在桌上點上蠟燭。是的，在燭光的催化下，大伙似乎更把話匣子打開了，從自己的名字由來聊到來中國的文化衝突……，儘管夜愈深愈刻意壓低的語調，但卻止不住在這裡尋求探險的友好靈魂。

第二天早上，我不確定睡了多久，也許是四小時？或是三小時？只記得回到床上後還是傳來聲響，朦朧間也不確定那是那一國的話語還是在夜裡迴盪。我真的很佩服老外室友們，個個像是經驗豐富的「驢友」，在任何環境下都能呼呼大睡，而我躡手躡腳的深怕吵到他們，獨自來到了中庭。早上，仿古園又回歸了平靜，在我享用早餐的同時，我注意到我昨天送洗的那些衣褲，就被吊在天井中，當然還有我的貼身衣物，與其它那些紅的藍的花的，在仿古園的天井裡享受著晨曦，一字展開有點像是萬國國旗，就像仿古園所展現著的包容性格，歡迎著每個來北京的旅人。

紅燈籠已經成了這裡的招牌。

背包客所懸掛在天井的衣服。

北京老胡同裡的青年旅舍

　　走在北京的阜城門大街上，傳來了一陣的麵團香味，在古老的胡同間，竟藏著一處黃昏市場，市場上盡是來趕著採買的老北京人，那垂吊著的烤鴨肥美油亮，在黃色的燈泡下像是一種新的裝置藝術般迷惑人心，還有那個驢肉火燒，夾著炭火的原味，也是讓人忍不住想嘗一口。而一群在排隊買著那些奶製酥餅的大媽大嬸，也完全無懼當時的三聚氰氨，那種不同於上海的優越感與滿足，在皇城故居裡隨處可見，我在嘗著手裡剛買的大饅頭，一口咬下是扎實與豪邁的口感，而迷路在這老胡同裡卻一點也不介意。不知不覺間，在一面灰色的老牆面上，掛著兩盞紅色燈籠，似乎在告訴著旅人，廣濟鄰青年旅舍已經到了。

從屋頂的露天看自己的房間。

沒有明顯的招牌，附近更沒有明顯的地標，對第一次來北京的旅人來說，這裡還眞的有點不好找，但就像是它所標榜的在地原汁原味，就該值得被保護在這片胡同裡。可能是因爲還沒有進入黃金週的前夕，客人並沒有預期的多，廣濟鄰就是多了一份寧靜，而我今晚就獨自享受著這屬於我的三人房，雖然一方面高興多了些隱私，但在夜裡，聽到隔壁六人房傳來聊天的聲音，竟然還是有些失落。

　　廣濟鄰青年旅舍位於白塔寺與廣濟寺間，因爲保持著完整的明清建築隔局，呈現著一種古樸的歷史風味，深受許多中外想體驗胡同住宿的背包客喜愛。房價從十十元到二百元人民幣不等，與那些被改造爲星級的胡同酒店相比，廣濟鄰在內涵及價格上都多了一份的「性價比」(性能與價值之比，中國內地對商品値不值得買的說法)。而和北京市民比鄰而居，不時會傳來街坊小孩的嬉戲聲與北方女人的大嗓門，更是一般的城市酒店裡所無法體驗的。

白塔寺在灰色的瓦片中顯得格外醒目。

迷路，是近年來新興的一種旅行方式，有人選擇在巴黎的街道裡迷路，
我則是在北京的胡同裡，像個三歲孩子興奮的尋找出口。

大家就像四合院裡的一家人

我喜歡廣濟鄰的夜，因為在四合院天井裡，可以看到北京迷濛夜空裡的上弦月，小小的院子裡擺了幾張木頭桌椅，兩個老外一時手癢就拿著吉他哼唱起來。正因為廣濟鄰是翻修原本的胡同民居，所以在這裡的旅人就像是生活在一個大家庭裡，**你很容易就被院子裡的一舉一動給牽引，在那個圓形的拱門裡，圈住了紅色的門檻與灰色屋簷，還有不同民族與世代對於中國北京的記憶。**

在廣濟鄰的第三天，我選擇什麼都不做，只享受著在屋頂的露台上的優閒時光。在這裡，看到白塔寺就孤立在一片屋瓦之間，顯得遺世而獨立，這是欣賞北京的另一種角度，也是沈澱自我的另一個空間。

廣濟鄰的交誼室。

廣濟鄰的三人房。

想像忽必烈曾經權霸一時的站在那座高塔上號令子民，或者那場大火在白塔寺周圍無情吞噬前朝權貴……，現在，剩下的只有炊煙與老人的晨練，那種與歷史對話的感覺，是廣濟鄰最珍貴的資產。

　　現在，**很多的旅館業，在販售著一種叫做差異化的頂級服務，而廣濟鄰青年旅舍，則是販售著一種平易樂觀的生活態度！**

廣濟鄰的屋頂露台在十月天成了最舒適的一處。

入夜後的廣濟鄰多了份溫馨的感覺。

蕭敏玲

以傳訊及公關技倆行走江湖廿多年，閒時獨愛背包獨行，足印踏遍英美歐澳印亞日。近年沉醉深度心靈之旅，旅途中總愛與各路精神領袖自說自話，從旅遊看生命，用生命去旅遊。

湖區求援奇遇記

　　在英國旅遊若入住家庭式B&B，住客通常獲發大門鑰匙以便自由進出。各位背包客讀者有否想過，如夜返B&B時遇上門鎖失靈又屋內無人，被困門外又無法聯絡屋主，那除了苦等之外還有何計可施？2008年5月，小妹隻身前往英國湖區小住兩週，以Bowness小鎮的B&B Dene-house為據點。在旅程最後一晚，有幸讓我遇上此等激發背包客潛能的挑戰，度過精彩及充滿溫情的一夜。

　　等，很自然是這情況下的首階段對策。待在門外享受短暫的寫意自在，趁著橘橙的夕陽天色，賞花數落葉逗玩小狗；然而隨著黝黑從四方八面開始包夾，湖邊冷風肆意吹拂，我的腎上腺也開始失控爬升，腦筋突然自發高速轉動。

小徑右轉即是Denehouse。

125

B&B的外觀，看起來頗有Fu的。

Denehouse正門。

　　記起來了，移居英倫的友人曾說過：「英國人慣常把自家的備用鑰匙放於鄰居家裡，以應不時之需。」我的鑰匙不靈光，鄰近的英國家庭或可幫忙。主意一旦立定，隨即自我激勵一番，繼而摸黑搜索。老天爺對背包客總是特別眷顧，我只是稍移玉步，即見Denehouse左側的英式大宅內亮著希望之光。目標鎖定，接下來便是思想準備，如排練各種反應及對白──重點是須在開門一刻，盡快準確審核眼前人是否《沉默的羔羊》戲內所描述的那類殺人魔，若不幸遇上該如何立即脫身；當然，如對方善良友好，我又可怎樣在短時間內取得對方信任及協助。

SOS！拜託！誰來救救我？

門鈴按了又按，門後先傳來幾聲乾咳，然後便是來自純正
英式口音的查問「來者何人」。機會只得一次，隔著門的我
拚命重覆簡單但重要訊息──「我是Denehouse住客需要幫
忙」，如此SOS式求援果然奏效，友誼之門終於為我而開。
現在回想，當時我的樣貌、表情及身體語言一定令Mr. Curry
十分擔心，概因Curry老先生在開門瞥見小妹那一刻，即關切
地劈頭說道「Come on in young lady, it's cold outside.」進入
Curry大宅，Mrs. Curry奉上愛心熱茶，**Mr. Curry又是安慰又
是關懷，邊找Denehouse備用鑰匙邊講述湖區故事**，他說聽聽
故事可助小妹心神安定。

原來Curry伉儷是最早在湖區落地生根的原居民之一，Mr.
Curry更是第一位在湖區上空進行勘察的飛機師兼測量師，他
搜集的資料已供製成湖區地圖。Mr. Curry回憶得十分起勁，
索性坐下來洋洋灑灑的述說他的當年今日；Mrs. Curry也放下
鑰匙搜索工作，溫柔婉順的坐下，滿足地打量這位看來與她
戀愛了大半輩子的男士。聽著聽著，我霍然察覺他倆擁有的
是永恆，而我在湖區剩下的卻只有今夜。我盡量以禮貌的口
穩說話，真抱歉無法不打斷他倆的纏綿夜話，並重申冒昧到
訪的原因。

其實兩老對我的困境十分明白，二人立即加速翻箱倒櫃，尋找記憶中的那把Denehouse備用鑰匙。幸運地，不消一會Mrs. Curry折返並給我一個調皮小女孩笑容，在我眼前搖晃一條相信是後門備用鑰匙的物體，「他添點衣服即可送你回去了」。一陣暖意湧上心頭，旅途中陌生人送上的真心關懷，令我完全軟化，對剛才打斷Curry老先生的說話和催促他們為我張羅，感到好生難過。

　　正當我奮力壓抑眼角淚珠兒向下滾動之際，Mr. Curry盛裝出現，閃耀的眼神，一身奪寶奇兵式的裝束，四周氣氛突然變得緊張。心思慎密的Mrs. Curry，在我們出門前更將小鐵槌子及錐子各一枚交予先生，萬分溫柔地叮囑夫君，「若無法以鑰匙開鎖，可試行其他方法啊！」

Denehouse的醒神鮮果早餐。
(圖片由Denehouse提供)

Denehouse優美客室。(圖片由Denehouse提供)

拿槌子直接撬，這樣比較快

果然，Mr. Curry的鑰匙同樣無法開啟Denehouse大門。我立即盤算如何為此出師即不捷的一分鐘冒險之旅打圓場，然而這位退役機師及測量師卻二話不說，以鐵槌子及錐子打鑿門鎖。事情發展至此，明顯地Mr. Curry已將我的問題變為他的問題，並進入一個非解決此問題不可的階段。直覺告訴我事不對勁，「我並不同意他以這個方法解決我的問題，我更可能需要承擔所有後果。」被感激之情軟化了的心，一下子強硬起來。「我不認為這是Denehouse屋主欣賞的方案」，此話令Mr. Curry先生有點錯愕，然而他始終是不折不扣的英國紳士，接受我的勸阻並建議前往後門嘗試。

英式大宅多設有前後門。正門通常以堅固實心厚木做成，後門則多以輕巧的夾板製成。Mr. Curry在一片漆黑中快步繞過花園找到Denehouse後門，鑰匙仍然無法派上用場，我依舊被拒於門外。失望至極的我正急動腦筋，Mr. Curry早已又再敲敲打打的想把門撬開；說時遲，那時快，善解人意的木門隨著Mr. Curry大叫「Got it!」應聲而開。

你是我心中的英雄

　　據Mr. Curry表示，這不是他第一次協助他人破門入鄰居屋，根據經驗他肯定這門鎖只需稍加修理即可再用。事實上，Mr. Curry眞的在他離開前便把門鎖「修理妥當」。Dene-house屋主在Mr. Curry離開後不久也返抵，我結結巴巴向他覆述整個事件經過。「Oh I am so sorry. You know every door has its moment.」他似乎眞的一點也不介意我們硬闖後門，更不停盛讚Curry老先生機靈果斷，說他不愧是Bowness小鎭的英雄，明天將叩門送上美酒聊表謝意云云。

　　翌晨，我待Tesco在早上七時開門營業，隨即選購鮮花及臭果，準備向Curry伉儷隆重致謝一番，然而他倆早已出門。無法與他倆再次道謝，令我的湖區之行添上一抹深藍。回想昨夜與Curry先生由門外、門內，然後又是門外再門內的夜闖湖區B&B，我不禁反覆思量「向人求助後，是否便該任由他人以各種方法處理」。作爲獨行背包客，我一向與陌生人保持友善及安全的距離；經歷這奇妙一夜，我無法不反覆思量，過去一直抱持的態度是否完全正確。我沒有答案，唯一肯定的是，讀者諸君如遇上同類情況，不妨一試我的策略，說不定友誼之手就在咫尺，四海之內英雄勇士就在你身旁。

＊註：Tesco為英國大型超市。

澳洲：雪梨

余信儀

耽迷書寫與旅行，寫過小說，拍過電視劇，目前以書寫養活自己並賺取旅行費用。十四歲就開始獨自到台灣各地旅行，十九歲時用七千塊台幣在日本流浪了一個月，去的國家不算多，但都是一個人扛著背包獨自勇闖，未來仍舊熱衷於孤獨與自由並存的行為。

澳洲城市的日本風情

之所以會發現這一家背包客旅館，絕對是因為他們的招牌太醒目了——斗大的「BACK-PACKERS」字樣就寫在建築物上頭，橫跨整棟建築物的外牆，讓人不發現也難。

我進去詢問價格時才發現那是日本人所經營的旅館，雖然是現代西式建築，但進出的旅客都是東方人，在住宿規則及價格表上也都附有日文說明，日籍的旅館經理用腔調很重的英文向我說明了半天，我才終於弄清楚住宿規則。

這間日本旅館的一樓是大廳與廚房，二樓是女生地盤，三四樓則歸男生佔領，男女分不同樓層的做法與一般的背包客旅館大不相同。我的房間是八人房，我發現只有我一個是「非日本人」，而且在我住宿的三天裡面，也就只有我這麼一個「非日本人」入住，顯然這間旅館是日本遊子的聚集之所，而我則是誤闖的那個外來者。

同房的房客中一個日本女生誤以為我是日本人，與我攀談了起來，她說她從西澳的伯斯坐了整整三天的火車來到雪梨，準備開始另一份

打工，我問她在做什麼，她說是在日本雜誌社打工，日常聽的、說的也都還是日語，所以大半年過去，英語能力還是很有限，我與她的溝通大多靠手寫，日本的漢字和中國字其實相通，再夾雜使用英語，也還算聊得起來。

雖然是旅行，亞洲人還是喜歡膩在一起

聽她說起她在雪梨的工作同樣也是在日本人的環境中打工，我心中不免升起些許感觸，我想，人都是這樣，總喜歡在自己熟悉的族群中生活，才會活得安心且自在。

這間旅館的廚房中擺滿了各式精巧的日式刀具，我看著一個日本留學生俐落的使用刀具切割一條鮮魚準備做成生魚片，魚骨則用來熬煮火鍋高湯，另一個爐火上煮著日本拉麵，流理台上擺放的大部分都是日式調味料，客廳裡播放的是日本偶像劇，牆上掛的則是日文的海報與訊息，整個休息廳所迴盪的都是沒有捲舌音的日語，恍然之間，我還以為我來到了日本，而非澳洲。

由於我也是東方人，所以在還沒開口交談之前大多會被誤以為我也是日本人，一開始對我打招呼時都自然的使用日語，在狹窄走廊與其他人錯身而過之際，得到的也不單單只是一般的微笑點頭示意，而是日式禮儀中的微微欠身，與習

離開喧鬧吵雜的新聞，離開巨大無形的社會價值觀，
離開被框限住的自己，去發現，世界不同的角度與面貌。

慣性的客氣呢喃：「思咪嘛些。」

有一次，一個男生看見我打算用公用電腦上網，用日語對我解釋了一長串規則之後才發現我並非日本人，我明顯看見他的表情瞬間有些侷促了起來。而每當在廚房煮食時，我只要靜默的不說話，或以微笑點頭代替簡單的用語，我都還是會被當成日本人，所以住在這間旅館期間我總是聽著純正的日語，然後在別人好心遞醬油給我時，向對方說聲：「阿哩嘎都！」

背包客旅館沉穩樸實的外觀上，有著醒目的招牌。

不會吧！我住到了
男女混宿房

　　來到澳洲著名的黃金海岸，住進一個熱帶型的旅館，每天眼前盡是椰子樹、游泳池、短褲與比基尼，每天都散步到海邊曬太陽、游泳、看海和吃冰淇淋。這天我依舊和前幾天一樣，玩到晚餐結束才回到旅館。一進房門，順手打開電燈，我立刻頓住了腳步。

　　因為**有一個男人正睡在與我相對的那張床上，裸露著一身結實的肌肉，只在腰間很沒誠意的蓋了件薄薄的被單**。我當場定格了三分鐘，疑惑著為什麼房間裡會出現男人？看來我是住到男女混合的房間了。

　　都怪自己當初沒問清楚，就直接訂了最便宜的房間，只是前兩天同房的旅客恰巧都是女性而已。那現在該怎麼辦呢？我默默移動腳步，悄悄坐到我的床上，靜靜觀察起眼前這個看來年紀頗輕的小伙子。

　　他以趴睡的姿勢整個頭都埋進了枕頭裡，所以看不見他的面孔，床四周散落著他的行李、衣物、短褲、飲料，就連錢包與證件都隨地亂放，一個比床還要長的衝浪板就放在他的床底下，顯然是個衝浪小子！

　　我坐在床沿默默觀察了他十分鐘，然後想打開我的筆電打算寫東西，突然，他轉過了頭，半瞇著眼往我這方向看了一眼，然後又轉過頭繼續埋頭大睡。於是我就邊打電腦邊注意

旅館內清涼消暑的熱帶型游泳池。

外牆以隨性的塗鴉方式寫上旅館名稱。

著衝浪小子的動靜，三個小時過後，我也有點累了，正打算收起電腦，**又一個突然，這小子毫無預警的猛然坐起了身，然後滿臉迷糊搖晃著自己的身子，緩緩轉頭看了看我**，接著一把撈起床邊地板上的可樂，灌上幾大口後，再拉了拉快掉下床去的被單，就又倒頭睡去了。

老是遇上酒醉和裸睡的室友

我被他這一串莫名奇妙的舉動嚇到，冷靜下來後，我不禁失笑，心想如果這樣一個人會來害人，那就當我瞎了眼吧！我趕快拿起相機，偷偷拍下他裸睡的樣子，心裡想：「既然你都不介意了，我有什麼好介意的？」拍完我也倒頭睡去了。

　　隔天當我醒來時，衝浪小子竟然還在睡，我從海邊晃了一圈回來後，他正巧著裝完畢，抱著衝浪板準備去衝浪，看見我回來，不好意思的笑了笑說：「我昨晚大概睡了十四個小時吧！」我看著他稚氣未脫的臉孔，笑道：「是啊，你的確很能睡。」他又靦腆的笑了下，出門衝浪去了。

　　當天晚上我早早就入睡了，睡到半夜，朦朧中我感覺有人爬到我上層的睡鋪，而且房內瀰漫著一股酒味，我心裡納悶，衝浪小子難不成喝醉了酒，睡錯床了嗎？隔天清晨，我赫然發現房間內又多了一個酒醉小子，而且一樣喜歡裸睡。

　　我動作迅速的收拾好行李，離開前再多看一眼這兩個熟睡的小伙子，不知道該為自己的大膽感到慶幸還是感到好笑。

　　但這經驗遇到一次也就夠了，我不想再遇到另一次，所以自此之後每當住進一間旅館，我都一定會詢問清楚，是女生房還是混合房。

裸睡的衝浪小子。

生平最熱與最冷清的
聖誕節

　　到達達爾文那天正好是12月24日，聖誕夜的下午四點，天氣很熱，我任性的選擇了在南半球的聖誕節跑到澳洲最北端的城市，而且抵達城市的時間已逼近聖誕夜，我竟然還沒找到可以住宿的旅館。

　　然而神奇的事情就在我下車走不到五步路的地方發生了！一個明顯的背包客旅館廣告標示就橫掛在車站橫樑上方，我抬頭愣愣看著那個招牌，乖乖按照指示找到這間旅館，然後帶點擔心的詢問是否有房間，結果不但有，一晚也只要價二十一澳幣，這一切會不會順利得有點像在騙人啊？達爾文發生了什麼事？怎麼會有這麼隨和可親的事情，二話不說，我立刻住進旅館。

達爾文車站中的背包客旅館招牌。

每天有人來打掃的乾淨房間。

不愧是澳洲最靠近赤道的城市，整間旅館充滿著熱帶型的風格，樓梯間的牆壁彩繪著大片色彩鮮豔的塗鴉，隨處有熱帶植物當作擺飾，廚房看起來就像台灣的啤酒屋裝潢，寬大的木桌椅，開放式的空間，架高的電視，隨興聊著天的人們，然後照例有游泳池與開派對的場地。

天還沒暗，我把行李放進房間之後就悠閒的走到公園散步，眺望港口時與一個當地人聊起了天，他告訴我，聖誕節開始所有的商店都會關門，而且連放四天假期，所以最好先去買些東西儲備起來，於是我又立刻衝回去趕在商店關門之前買了幾天份的糧食。

聖誕夜！人都蒸發到哪裡去了？

聖誕夜當晚，依舊按照慣例，旅館的派對不到凌晨三點不會休止。然而神奇的事情發生在隔天的聖誕節，**整個城市的人好像瞬間蒸發了似的，商店全關不說，連全年無休的麥當勞都沒有開門營業，寬大的馬路空空蕩蕩沒有半個人影。**整個城市像個空城，只有我住的那間旅館以及隔街的另一家旅館充滿了背包客，我極度懷疑達爾文此刻只有這兩家旅館有人類的存在。

我不是那種喜愛與人群群聚狂歡的人，所以就自在的窩在

旅館房間裡吹冷氣、打電腦。一個人旅行的好處就是可以隨
心所欲，想過節就去趕赴所有熱鬧盛宴，不想過節就自己窩
在房間打電腦，多好，多自由自在。

　　同房的旅客只有一個西方女性，而且年紀看來已經超過四
十歲，在達爾文同住的四天當中我們總共只交談過三句話。
我之所以對她印象深刻，是因為以我一個東方人的身分，聖
誕節自己一個人過節當然不會有太大的感觸，然而對西方人
而言，聖誕節就等於是中國的新年，是全家團聚的日子，然
而她卻跟我一樣窩在旅館房間窩了整段假期，每天除了吃東
西就是看書睡覺，而且她還患了嚴重的感冒，每一個晚上都
會聽見她咳嗽咳到快無法呼吸的聲音。有時候看見她咳嗽的
身影，心裡都忍不住會想，像她這樣生著重病獨自一個人度
過聖誕節，她會怎麼想？

　　但我始終沒有開口問她這個
問題，因為我知道，**無論是自
由還是孤獨，都是所有獨自旅
行的人所必須學習與之相處的
狀況。**

聖誕節達爾文空蕩蕩的大街。

澳洲大螞蟻是個狠角色

當全世界上百萬人跑去雪梨看跨年煙火秀時，也有不少人跑到澳洲中心來攀登艾爾斯岩，我就是其中之一。

從愛麗絲泉租了一輛自用小客車，開了五個小時的車終於來到Yulara的露營區，Yulara露營區並不位於Uluru國家公園裡面，開車到艾爾斯岩還需約二十分鐘路程，不過卻是背包客最便宜的選擇。

當車子一彎進露營區的道路，我就看見登記處前已經排了一長排的車子等著登記住宿。大多是設備齊全的巨大露營車，載滿一整車的露營用品與全家大小，也有不少年輕人開著休旅車或四輪傳動的越野吉普車，像我這樣的自小客車反而是少數。不過就因為我只是小小一台轎車，只需要支付一個人進入露營區的最低價位即可。

位處在沙漠中央的Yulara露營區。

沙漠地帶的露營區可真是「一目了然」，稀疏而遮不了烈陽的樹木，必須定期保養的草皮，價位比較高、附有冷氣設備的成排小木屋，以及城市以外的背包客旅館中最常見到的游泳池——而且我發現越熱的地方游泳池就越大。

露營區中，一輛車可以停一個車格，車道圈圍起來的草地則可以搭設帳篷，有完善的衛浴設備，專門烹飪用的場地，不過烹飪設備比較簡單，有必須要耐性很夠才點得起來的瓦斯爐，還有大冰箱與清洗食物的水槽。

蒼蠅、星星滿天都是

澳洲中部的特產除了沙漠、岩石與眾多特色景點之外，還有漫天紛飛的蒼蠅，露營區因為有定期消毒，所以蒼蠅的數量比較少一點，但只要白天溫度一上升，蒼蠅大軍的威力還是讓人很頭痛，光坐下來吃一頓飯，手臂揮動的次數都像在跟蒼蠅尬舞。

住在露營區有一項讓人戀戀不捨的特點，就是晚上睡覺時從車窗外望出去便是滿天的星星，每個晚上我總會癡癡仰望

我的小客車帳篷，稀疏的樹木沒太大的遮蔭效果。

著銀河星空，直到眼睛疲累才肯闔上睡去。最有趣的情況是，每天一到早上五點，營區裡所有人都像是約好了似的準時起床，才沒幾分鐘，就見大大小小的露營車、吉普車、自用車一輛一輛的接連駛離露營區，在黑暗的馬路上形成一整排的流燈光影，因為大家的目的都一樣，要去看艾爾斯岩的日出。

露營區的小動物特別多，常常可以看見澳洲各種著名的爬蟲類以及擁有生態惡名的野兔。有時候才正在煮東西，就看見一隻色彩鮮豔的蜥蜴吐著舌頭緩緩爬過沙地。一到晚上，露營區的草地就是野兔們的廚房，就見灰褐色毛皮的可愛野兔蹦蹦跳跳的在吃著草。

誤闖凶狠大螞蟻的地盤

當時在露營區住宿時發生了一件事，讓我深深警覺在沙漠地帶的危險性。我平常不容易被蚊子叮，就算叮到也不會特別有感覺，**一天傍晚，我站在沙地上晾衣服時，忽然感覺腳邊有小昆蟲圍繞爬行，才正想低頭去看是什麼東西，我的腳背就突然被狠狠咬了一口**，我立刻抬腳跳了開來，用力甩掉腳上的異物，定睛一看，竟然是比一般體型還大上三四倍的螞蟻！

背包客旅行就是一連串的等待，等飛機、等火車、等公車……
等風景終於美麗，也等風景終於不美麗。

　　螞蟻一連咬了我好幾口，我可以明確感覺到牠的兩片利齒
夾進我肌膚的感受，我趕緊逃離現場，把還在腳上爬來爬去
的螞蟻全都拍掉，但是已經來不及了，腳背及腳踝部分的腫
包隨即凸起，像一顆一顆的小石頭，又尖又硬，而且奇癢無
比，就算狂擦藥膏還是沒有半點效用。

　　最可怕的是那些腫包經過整整十天才終於比較不癢，然後
直到我回台灣之前都還沒有完全消腫，回到台灣之後又過了
將近一個月，才完全看不見被叮咬的痕跡。

　　我只能說，不愧是澳洲中部的可怕昆蟲啊！毒性之強，隨
便一隻小螞蟻就足以讓人傷腦筋好幾個月，幸好沒被蠍子螫
到，真是萬幸、萬幸。

橫越沙漠地帶五個小時，終於看見艾
爾斯岩的指示標誌。

現代PK古典的人氣旅館

　　我發現在澳洲許多城市中，同一條街上不會只有一家背包客旅館，通常會有兩家互相競爭的對手，在阿德雷得也是這種情況，而且這兩家旅館有著鮮明的對比。一家是走現代化風格的YHA，另一家則是由十九世紀住宅改建走復古風的旅館，而且還有一個相當古典的名稱——莎士比亞。

　　兩家旅館相隔不到五公尺，兩種不同的樣貌，兩種不同的風情。初抵阿德雷得我選擇了YHA，旅館廚房廚具齊備，還有免費紅茶與咖啡招待，不過，在我煮好晚餐準備坐進明亮寬敞的大廳開始用餐時，突然聽見台灣人的聲音。五、六個台灣來的旅客正圍坐在舒適的大沙發上討論行程，並分配著誰去搜尋景點，誰去安排交通工具……我默默的聽著他們交談，彷彿來到台灣隨處可見的複合式餐廳。

阿德雷得的YHA旅館，風格比較現代化。

這就是阿德雷得莎士比亞外觀，
建築走復古風。

我發現大部分台灣人自助旅行，也還是偏好一群人一起行動，不然也得找個旅伴才會出門旅行，而且多數會因為安全與舒適的考量，選擇住青年旅館（YH）。然而有時我不免懷疑，太按部就班的旅行，跟走到對街的便利商店買顆茶葉蛋有什麼差別？旅行不就是要多一點冒險犯難的精神，才能體會到與眾不同的經驗？

隔天，我搬進了莎士比亞。因為YHA的收費是按天數計算，莎士比亞則是住越多天越便宜，在澳洲很多背包客旅館都有這樣的優惠。因為莎士比亞是住家改建，所以房間裡不但有書櫃、壁櫥，甚至還有一個早已經廢棄的壁爐（我觀察那個生鏽又蒙塵的金屬構造物好一段時間，才確定那是壁爐）。

浪漫又古典，彷彿時光倒退了一百年

不只房間如此，整棟建築物都瀰漫著濃濃的懷舊感，房門是厚重的紅棕色木門，我總得花一番力氣才打得開；地板鋪著陳舊的深綠色地毯，每天早上十點就有人拿著吸塵器整棟樓上上下下的打掃；沙發是褪色又有些變形的織布沙發，散發著一股老舊的氣味；客廳牆面有一大片書櫃，擺滿了百科

全書之類的套書；沿著木製樓梯扶手上樓，抬頭可以看見天花板上的精緻浮雕；陽台設有讓人看書休憩的小桌椅，穿過一整排鐵製雕花欄杆往外望去，現代式高樓建築的玻璃牆就在對街與我相望。

要不是客廳裡的大螢幕電視一直在播放著《辛普森家庭》、《癟四與大頭蛋》以及各類美國影集，走廊與樓梯交接處的逃生指示標誌，樓梯口電話旁貼著禁煙圖案，以及整棟旅館到處走來走去的現代背包客，住在莎士比亞裡，往往會讓人以為時間倒退了一百年。

當我第一天進住十人房時，房間裡只有我和一個來度假打工的女生，當我離開時，房間已經住滿了來自各國的背包客。這個不算大的房間地板上排滿了大大小小的背包，各種用品與衣物散落各處，連要走路都得小心會不會踩到別人的東西。

我實在很佩服女生打包行李的功力，衣服、大浴巾、高跟鞋、睫毛膏、香水、洋芋片、汽水……林林總總各類物品全塞進了背包，她們怎麼有辦法把那麼多東西裝進背包裡呢？雖然我也是女生，但我背包大概只有她們的三分之一，換洗衣物總共也只有三套，更沒有其他多餘的物品，輕便而俐落，所以每當我看著她們龐大的背包，心裡都忍不住讚嘆。

從背包客旅行中會發現，一個人存活所需的必要物品，
也不過只是小小一個背包即可，於是更懂得了，知足的真義。

在這種陸續有人入住的時候，通常會發生一種有趣的現
象，就是大家不斷在進行著「認親大會」──

「妳是從哪裡來的呢？瑞士？我也是耶！」

「那妳呢？德國？我記得睡角落那張床的就是德國人哦！」

「妳的口音聽起來像法國人，我有一個朋友就住在法國
哪！妳住在法國的哪裡？」

諸如此類的對話每一天都迴盪在夜晚
的房間內，因為自始至終就只有我一個東
方女生，所以沒有人跑來跟我認親，我也
就饒有興味的聽著各種語言、口音的交談
聲，當作我窩在床上寫東西時的背景聲
音。

阿德雷得莎士比亞十人房內。

我的小背包和室友的大背包。

阿德雷得莎士比亞十人房住滿情況。

充滿野生動物的農場石屋

　　袋鼠島位於澳洲南端的海域，較之最北端的城市達爾文，同樣的夏季，溫度卻差距了將近二十度。

　　我參加了袋鼠島的City Tour，同一團有兩個法國女生，顯然出生在氣候比我還要溫暖的地方，過了中午之後，她們早早就穿起了大衣還圍起了圍巾，有趣的是，另外有兩個瑞士女生，卻覺得這樣的溫度很舒適宜人，就見整團人的服裝打扮落差甚大，有人穿著短褲短袖，也有人把自己全身包得密不透風。

　　我算是「瑞士組」那批人，法國女生一直問我們：「妳們不冷嗎？不冷嗎？」她們覺得我們很奇怪，事實上我們才覺得她們太誇張。

袋鼠島上石砌屋的外觀

石砌屋裡像極熱帶溫室花圃的浴廁。

　　在袋鼠島上又滑沙又看海豹與無尾熊，玩了一整天後，整團人都快累趴時，導遊帶我們到一個農場的石屋裡安頓。石屋很寬敞通風，除了睡覺的房間外，屋內完全找不到一塊門板，廚房大剌剌直通前院與後院，就連衛浴間都沒有門板，僅用一條布簾遮擋住視線，而且浴廁裡面種滿了大片羽狀綠葉植物，當我一踏進廁所，還以為到了溫室花圃。

　　安頓好後，有的人去洗澡，有的人則開始幫忙準備晚上的BBQ，我則是一個人拿著相機到處閒晃。傍晚時分的農場到處可以見到烏鴉、鸚鵡與各種鳥類的身影，我還見到幾隻大雁從眼前不到十公尺的地方振翅飛起，往黃昏的金色光芒裡翱翔而去，姿態優雅而美麗，令人神往。

　　我繼續走到農場的牧羊區，遠遠的，我就看見了用鐵絲圍起來的柵欄內有一大群毛絨絨的羊群，我興高采烈的正想靠到柵欄上拍照時，啪的一聲，把我手臂與小腿痛擊了一下，我被驚嚇的往後跳，原來鐵絲柵欄是通電的。我拉起袖子察看，手臂上已出現一道淡褐色痕跡，我謹慎的倒退三步，趕快遠離柵欄，深覺柵欄內的綿羊們正偷偷在嘲笑我的愚蠢。

野生動物很多，但袋鼠才是重點

　　晚餐過後捧著一杯熱茶，緩緩踱步到石屋後方，想看看有沒有機會見到袋鼠的身影，畢竟我來到的島嶼就叫袋鼠島，怎麼可能沒有袋鼠！

　　就在我停留在暗處讓眼睛適應黑暗時，有幾個小黑點正在遠處的草地上晃動，我定睛細看，確定那些黑影是正在覓食的小型袋鼠。牠們似乎察覺到有人來到，一隻一隻陸續抬起了頭往我這個方向看來，我瞬間變成一尊石像，瞪大了雙眼，動也不敢動的看著牠們的身影，就怕驚擾了牠們。不過這般神祕的氛圍不久就被一盞手電筒的燈光給破壞了。

大家正在廚房準備早餐。

石砌屋外面色彩鮮豔的花圃。

有一群人顯然也是遊客，成群結隊的帶著手電筒到處照，袋鼠們一看見那些亮光就蹦蹦跳跳的一哄而散，我只能無奈看著那些袋鼠的身影消失在更深的黑暗中。正當我放棄希望的走回寢室準備睡覺，窗戶外又出現了袋鼠在覓食的身影，我開心的笑了。

當天晚上睡覺時，我終於深刻體會到袋鼠島上的寒冷。澳洲背包客旅館在夏季時通常只會給兩條薄薄的被單，一條當床單，一條當被單，然而在袋鼠島住宿的那個晚上，是我唯一穿上羽絨衣、蓋上厚棉被卻還覺得寒冷的地方，而團員中有帶睡袋的人則早就把身體縮進睡袋中，再蓋上一層厚棉被防寒了。

石砌屋裡的壁爐，袋鼠島上一到入夜真的很冷。

邦代海灘的四人房

　　旅程接近終點，我旅行澳洲的主要交通工具灰狗巴士
PASSES也已經到了期限，繞了半圈澳洲，我回到了雪梨，當
然不可能去住在城市裡，所以找了一個離雪梨最近的美麗海
灘，住下。

　　早晨，在清爽海風中醒來，睜開眼望出窗外，就可以看見
一片湛藍海洋，懶洋洋的下樓吃一頓早午餐，烤麵包，義大
利麵，再來一杯熱紅茶。回房間之後，伴著一窗的海景與偶
爾飛到窗邊的鴿子，打電腦，寫東西，想事情，看海灘上色
彩繽紛的人來人往、潮來潮去，陽光燦爛，海水閃閃發亮。

　　下午，陽光沒那麼強烈的時候，就出門散步，走過對街，
南太平洋就展現在眼前，沿著海岸線往右或往左完全隨心情
高興，這邊有走一整天也走不完的美麗海岸線。

海洋氣息濃厚的背包客旅館。

房間內堆滿雜物，僅容放置小小筆電讓我書寫的桌子。

有著潔白床單的四人房床舖。

　　剛剛好的溼度與溫度，剛剛好的陽光與海風，剛剛好的心情與笑容。

　　直到太陽終於隱沒地平線，才慢慢踱步回旅館，或者，可以繼續在人潮漸漸散去的空曠沙灘上，吹海風，聽浪濤……直到月亮高升，直到海風涼寒，才甘心回旅館休息，睡覺。我每天就這樣過著住在海邊看太平洋的日子，等著過年前唯一有空位的那班航班飛機。

　　四人房同住的旅客中，有一個每天早出晚歸，工作壓力很大，晚上總是說著夢話、痛苦呻吟的女生；有一個為情傷心，每天哭泣，講電話，然後還是哭泣，準備回國療傷的女生；有一個每天跟朋友吃飯、聊天、游泳、曬太陽、看閒書的女生；當然還有一個每天寫東西、打電腦，然後觀察別人的女生！

不同的旅程不同的人生

有一天，悶熱了一整個上午之後，驟然下起了雷陣雨，所有原本在海灘上歡樂嬉戲的人，全都一窩蜂逃離奔騰的海風與陣雨，躲回飯店旅館裡去了。短短半個小時，來得快去得也快的陣雨雨勢漸小，但風還是冷的，海面上也還積聚著雲層，沒人想要再出去，原本色彩繽紛的沙灘剩下整片的白。

我坐在窗邊，看著海面上白浪的起伏，空氣中的水氣將風景霧成一片灰藍。工作的女生還是在工作，跟朋友出去的女生還沒有回來，而那個為感情傷心的女生一整天都在房裡講著電話哭泣著。

我靜靜聽著她細細的說話聲，細細的哭泣聲，也靜靜聽著窗外細細的海浪聲，細細的風雨聲。

每當我走到海邊去看南太平洋那非常適合衝浪的海浪時，腦海都會跳出村上春樹《海邊的卡夫卡》裡的一句話，「他就又回到他的大浪跟他自己的問題裡面去了。」無論是在Surfers Para-dise或Bondi Beach，這句話就像浪潮般，反覆在我腦中不斷複誦低迴。

多麼海洋的壁畫啊！

旅行不只是為了拓展前方的視野，更重要的，
是要懂得回過頭去更加珍惜自己所生長的土地。

　　我想，每個人或多或少都有自己的問題與無法言說的傷悲，有些埋藏得太深，連自己都不一定找得到它存放的位置，而在這樣一個美麗燦爛的海灘，偶然的陰雨天裡，那個女生細細的哭泣聲就好像是某條引線，牽引出人心裡面平常不容易被發現的心情。

　　他就又回到他的大浪跟他自己的問題裡面去了，他就又回到他的大浪跟他自己的問題裡面去了，他就又回到他的大浪跟他自己的問題裡面去了……

反覆低迴，反覆低迴……

　　細細的說話聲，細細的哭泣聲。細細的海浪聲，細細的風雨聲。灰藍的心情，灰藍的天氣，灰藍的詩意，灰藍的消失與發生。

從旅館房間望出去的風景。

陳伊寧 Ines

曾任報社新聞編譯、出版社編輯。因為太懷念歐洲的慵懶生活，辭了工作跑到羅馬學習義大利文。愛旅遊、愛美食、愛狗，人生願望是環遊世界，足跡遍及歐美亞非四大洲等31國，目前持續朝夢想邁進……

沙發衝浪初體驗
看人裸泳&偷採果

　　2008年夏天，受夠了讓人汗流浹背的羅馬，計畫北上前往義大利最大的加達湖（Garda Lake）避暑。因為是臨時起意，又適逢旅遊旺季，經濟實惠的旅館早就客滿了，所幸在沙發衝浪網站（http://www.couchsurfing.org）找到願意收留我的好心人家。「沙發衝浪」（couchsurfing）是個以服務背包客為宗旨的國際網站，目前有遍及232個國家和地區的百萬會員，自由提供免費住宿給來自世界各地的朋友。

　　接待我的這位善心人士叫做Giuseppe，頭蓬鬆捲髮加落腮鬍，看起來像個不修邊幅的藝術家。他和父母同住獨棟的別墅，還有個小庭院和車庫。而誰說沙發背包客一定是睡沙發？

我入住的就是一間寬敞又舒適的單人房，還有一面直通陽台的落地窗。

好大的床。

裸泳的湖邊(我沒有喔！)。

這到底是湖還是海啊？未免也太大了吧！

第一次的看人裸泳

　　當天傍晚，Giuseppe帶我到加達湖邊游泳。準備下水的時候，他問：「Do you mind if I swim without this?」是的，他手裡拿的，正是他的小泳褲。

　　對於一個每天早起做瑜珈，還自己動手做有機麵包和優格的素食主義者來說，我沒有理由懷疑他說要裸泳是有邪念的；客隨主便，我心想應該要有寬闊的心胸去接納每個人的喜好——只要把眼睛閉起來就好！總之，因為湖水太冷，我只前進到大腿的深度就爬回岸上，遠遠看著他像條魚一樣，悠遊自得地在月光相映的水裡和大自然融為一體

　　隔天，Giuseppe做完早操，幫我準備了熱炒葵花子和白芝麻口味的優格和新鮮麵包。我們一起吃過健康的有機早午餐之後，便出發到山上健行，順便尋找野莓的下落(野莓？我只吃過超市買的)。Giuseppe每天都會到山上摘野莓，但總是還沒來得及帶回家就沿路吃光了。

也是第一次的「偷」拔無花果

　　結果野莓收成不佳，我們竟跑到別人家的後院偷拔無花果。Giuseppe說這不是「偷」，因為這裡的無花果總是多到掉地上腐爛，我們只是幫忙採收。我從來不知道無花果有新鮮的，以為它天生就是那種乾乾皺皺的模樣，我真是個孤陋寡聞的城市鄉巴佬。

　　為了感謝Giuseppe兩天來的熱情款待，我除了奉上一小包來自台灣的天仁茗茶，也上超市採買青椒、玉米等材料，端出簡單的「台式蛋炒飯」作為回報。要離開的時候，Giuseppe送我到巴士站，我們依照義大利的熱情風俗，互相在臉頰輕輕啄了兩下，並期待未來有機會再相見。

　　想來的確不可思議，原本互不相識的兩個人，竟然能因為異地旅遊而成為朋友。雖然說防人之心不可無，但也不要忘了，還是有人性本善這回事。再次謝謝Giuseppe，給了我第一次看人裸泳、第一次採野莓、第一次偷摘人家無花果的Couchsurfing初體驗。

邊摘邊吃莓子的Giuseppe。

遇上慈善家
包吃包住上天堂

　　熱納亞（Genova），義大利北方的海港，那裡有全歐洲最大的水族館。夏天到海邊逛水族館，聽起來就一整個涼快，是炎夏酷暑的最佳去處。

　　同樣在沙發衝浪網站找到提供免費住宿的「慈善家」，按照對方的指示到了舊城區，拿著地圖在街上一陣鬼打牆之後，才發現我已經三過人家家門而不入。推開公寓大門的瞬間，忍不住從腳底一直涼到頭皮……對，舊城區密密麻麻的老式建築，最大特色就是沒有電梯，就算你住在七樓（台灣的八樓）也是一樣。我開始懊悔自己為什麼要帶這麼大的行李箱，還把背包餵得這麼飽……

從屋頂俯瞰熱納亞的街景。

當我在樓梯間和自己造的孽搏命的時候，接待我的善心人士G.L.跑出來連聲抱歉，拎了我的皮箱送我進他家大門。進門之後，還沒問好我已忍不住說：「I......I......I would like to take a shower first, talk to you later.」（我想先洗個澡，待會再聊。）我想大概是被自己一身汗給臭暈了，才會這麼沒禮貌！

這麼時髦的房子，我真是賺到了

流這麼多汗是值得的！這大概是我在義大利看過最時髦的房子：簡約俐落的開放式流理台、木石造景的大理石浴室，還有嵌在牆壁上那台可以直接上網的超大螢幕電視！而一整個紅白色調，更是深得我心哪！（跟我的紅色皮箱和背包配合得太完美了！）

一陣寒暄之後，G.L.帶我上街買菜，順便進行了一趟簡單的舊城巡禮。為什麼要買菜呢？就是為了招待他的第一位亞洲客人哪！他還給了我一付鑰匙，方便我自由進出。怎麼會有人敢把鑰匙交給一個認識不到兩小時又沒禮貌的傢伙呢？若不是他人太好，就是我看起來太老實了！

採光超好、超通風的樓中樓頂級住宅。

不出半小時，蒜蓉蛤蠣番茄義大利麵上
桌了~(番茄丁是我切的)。

G.L.正在把炒熟的蛤蠣撈上鍋。

　　G.L.在流理台前大展廚藝，我意思問一下是否需要幫忙？
於是他把酪梨沙拉交給我處理。由於本人只喝過酪梨牛奶，
和酪梨並沒有過真正交手的經驗。最後G.L.只好意思意思丟
給我幾顆番茄，切碎就好。

遇上包吃包住包接送，我出運啦

　　隔天，G.L.有事外出留我一人在家。由於實在住得太舒
適，加上天氣熱人就懶，我不是待在頂樓吹海風曬太陽，就
是陷在沙發裡不可自拔。已經買好的水族館門票，最後原封
不動地跟我回家。(當初不是為了水族館而來的嗎？)下午還
接到G.L.的關心來電，他說會晚點回來，怕我餓到，提醒我
冰箱裡看得到的都可以吃，廚房隨便用，有什麼事儘管打電
話給他。

充分的計畫，而不是詳細的規劃。
這樣才有時間或賴床、或迷路、或真正感受當地的生活。

從室內可以直接爬上有庭院設計的頂樓

應該是我不好意思打擾到他的私人生活才對，但他卻對不能盡地主之誼而滿懷愧疚，我只能說我對熱納亞的評價已經破表，就連傍晚在水果攤買兩根香蕉，老闆也很熱情地對我說「niente!」（不用錢啦！）

離開的那天，G.L.很貼心地幫我查好火車時刻，也幫我訂好下一站的旅館，最後還扮起挑夫，拎著我的行李陪我走到地鐵站。臨別前，他說下次只要一通電話或一封email，隨時歡迎我再來玩。對於這麼熱情的招待，這次我連蛋炒飯都沒有回報，能留下的，除了一罐來自台灣的天仁茗茶，還有一個大大的擁抱和友誼至上的臉頰輕吻。我們也約定，將來要在羅馬或台北再見！

到底是世界上熱心好客的人真的很多，還是我的運氣實在太好？兩次沙發衝浪經驗，碰到的都是包吃、包住、包接送的大好人！

李宗陽

某航空公司職員,熱愛旅遊和攝影,經常背著相機出國旅行,以尋找最感動的旅遊景點為志。曾到海德堡、長灘島、日本和東南亞等國家,接下來最想去的地方:西藏、阿拉斯加。

打破留學生宿舍
的尷尬

　　2006年中,辭掉人人稱羨的工作,決定到德國海德堡放逐心靈,透過網路找到了一位中國留學生,願意出租他的學生宿舍給我做短期居所,以一百五十歐元住三個星期成交!

　　我不是觀光客,我以住在當地自許。當抵達遙遠的德國時,我開始期待接下來的生活,到了海德堡與中國學生碰頭,交接房間與鑰匙的那一刻,我內心發出爽快的歡呼。海德堡竟然如此地漂亮,街道更是古色古香,像極了童話故事裡的場景,直呼太幸運能住在這個極度美麗的古堡區,簡直比做夢還要夢幻,透過走廊的窗外,居然還能看到聖靈大教堂和座落山頭的海德堡古堡,心裡的感動實在無法言喻!

海德堡著名的古城與Karl Theodor Brucke橋,古色古香,是觀光客必遊景點。

原來用圖片就可以打破僵局

可是，這個宿舍總共有五位室友，其中二位中國學生和三位歐洲學生，他們對我不甚熱情，或許對突如其來的我感到不解和疑惑，房門也都開始關閉，平常在共用的浴室廚房和走廊遇到的時候，話也沒說只是禮貌性地點頭。時間過了一個星期，他們對我的存在漸漸感到熟悉，但話語最多停留在Say Hello，中國學生知道我不是去留學唸書的，對我也沒有太大的興趣，不會主動跟我交談，我平常則自己出去逛街買東西，傍晚去河岸跑步，晚上回去宿舍一個人喝點啤酒寫寫文章和部落格。

某天假日，巧遇海德堡的宗教節慶，學生們都放假去了，有些跑去酒吧狂歡，有些留在宿舍寫功課，我跟平常一樣白天到處走走晃晃，晚上回到宿舍後瞥見窗外的古堡打燈，像極了中古世紀戰爭時候陷入火海中的城堡，內心還在讚嘆之際，咻！一道絢麗的煙火從古堡竄出，璀璨了海德堡的夜空，此時此刻，沒出門的兩位室友也聞聲出來欣賞美麗的煙火，我拿出單眼相機和腳架，拍下美麗煙火夜景，室友看見我所拍的照片，問能不能Copy給他們，我說：「當然可以」。看見他們臉上欣喜的樣子，頓時讓我輕鬆不少，原來一個簡單的分享竟能瞬間打開友善的門窗！

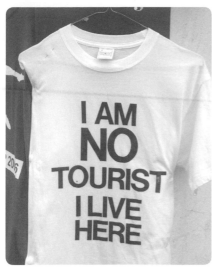

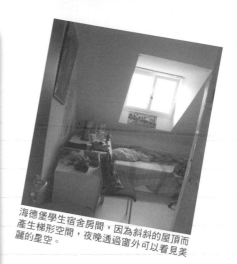

海德堡學生宿舍房間，因為斜斜的屋頂而產生梯形空間，夜晚透過窗外可以看見美麗的星空。

「我不是觀光客、我以住在當地自許」這件T恤完全說出我的心聲，貼切形容背包客的精神，拍攝於海德堡街上。

人來人往的車站，我用快門停格每位旅人的腳步，喀嚓六十分之一秒後放開，每個人繼續往自己的方向前進。拍攝於慕尼黑車站，旋轉鏡頭產生行人來來去去的匆忙感。

在車站月台等車時，因不確定是否搭乘對的班次，問了這位親切的德國人，剛好與他同一班列車，於是整段旅程聊天非常愉快，最後還拍照留念。

絢麗的煙火璀璨了海德堡的夜空

身處歐洲，感染濃厚的文化氣息，遇見坐在老橋椅靠欄杆的年輕人，信手捻來就是詩篇，難怪歐洲人都這麼浪漫。

旅行，總能把自己從厭倦的現實生活中抽離到一個充滿驚喜的旅途上，
隨時敞開心胸去體驗這個世界。

第二招，用家鄉菜拉近距離

　　煙火落幕之際，早已打開話匣子的我們愈聊愈開心，談到
料理，我去超市買菜炒了幾道台灣佳餚宴請他們，歐洲學生
也秀了一道超美味巴西料理；講到旅遊，他們獨家建議我去
附近景點走走，非常漂亮的小鎮是旅遊書上沒有介紹的；說
到生活，大家都是遠地來此求學，共同有著異鄉人的思愁。
我從分享照片開始，最終分享我的一切，彼此的感覺因而從
陌生到熟悉到友好，**我終於了解，分享真是一種魔力，能拉
近人們彼此的距離。**

　　旅遊的感性來自於融入當地文化和與人們接觸，去一趟遙
遠的歐洲，身處中古世紀氣息濃厚的城堡與童話故事般的美
麗意境，豈能像觀光客趕行程走馬看花！最好的方式就是起
碼住上一個星期，以居遊方式融
入當地生活。透過網路與當地留
學生交換訊息，說不定能以超便
宜的價錢，住到貼近當地生活
的學生宿舍，而且宿舍既方便
又安全，最主要的還是體驗到
旅行的意義。

宿舍的室友，真是青春洋溢啊！
原來敞開心房，人與人之間的距離就可以很靠近。

166

姚筱涵

1983年出生台灣高雄。
目前旅居法國巴黎，任職
平面、網頁設計師。曾出
版《兩個女生遊巴黎》
(香草花園)、《11樓》
(威秀資訊)、《開始踏上
法國留學之路》(太雅)、
《巴黎》(太雅)。旅行過
16個國家62個城市，包
含愛沙尼亞及冰島。

義
大
利
：
羅
馬

羅馬便宜住宿的
雙重打擊

　　計畫到義大利旅行時，正好遇上2006世界盃
足球賽，當時隨著義大利打入八強，在當地遊
晃的我們也開始到小酒館看轉播，感受緊張的
氣氛。到了總冠軍之夜，我們正好抵達羅馬，
而那晚正是法、義對戰的經典球賽。我們一行
五個人，來自巴黎的三位留學生自然傾向支持
法國，其他兩位同伴則選擇支持義大利。

　　從米蘭、威尼斯、佛羅倫斯一直玩到羅馬，
由於多人旅遊，我們投宿的旅館一向選擇公
寓式的房間，空間比較自由，也有廚房可以煮
炊，甚至還有小陽台可以曬太陽。然而羅馬由
於訂不到類似的公寓，就只好臨時選擇一間便
宜旅館的六人房。

　　《羅馬假期》聽來很美，但羅馬本身卻是
個很髒的城市，到處像快收市的菜市場一樣髒
亂，讓人感到失望；我們先迷路了一陣子，終
於找到旅館，沒想到應門的人卻說：「你們是
今天來哦？」有點不妙。旅館工人帶我們沿著
小路繞來繞去走到另一間旅館，七月的艷陽底
下，大家拖著行李都累壞了，最後到一間位在

二樓窄小的房間，得和另外一個人同住就算了，還不給我們使用房內的衛浴，說只能用公用衛浴，這樣一人還要二十二歐元。

輸了冠軍賽還被丟東西，一路Down到底

總冠軍賽那晚，街上的啤酒屋、冰淇淋店、餐廳到處都人滿為患，突然間街角傳來暴動式的歡呼聲，我們趕緊找一間在許願池附近的披薩店看轉播，原來是義大利剛踢進關鍵性的一球。老闆一邊切披薩一邊看球賽，很好奇我們到底支持誰？而球賽就隨著席丹戲劇性的頭槌事件進入尾聲，法國在PK賽輸掉了，讓我們不敢相信（天知道我們多想要法國贏得世界冠軍，全國放假），然而窗外的街頭上已是舉國歡騰，我們走往人群聚集的波波洛廣場（Plaza del Popolo），青年興奮地脫去上衣狂吼，揮舞著義大利的三色旗，群眾跳舞、吶喊、狂歡，然後向空中點燃煙火，只能說很幸運我們人在羅馬，也很不幸我們人在羅馬。

那一夜在旅館直到半夜三點多，都還聽得到街頭歡呼的喇叭聲，讓人十分難以入眠，還帶著法國隊輸球的失落。隔天早晨醒來，卻有個更大的Surprise等著我們：**我們的衛浴用品全部不見了！沐浴乳、洗面乳、牙刷、牙膏……全部消失！**

旅行是一個戒不掉的習慣，一種與現實的切割，一場值得談的戀愛。

詢問旅館工人得到的答案卻是「我們不知道那是你們的，我們每天清理浴室，不是我們的東西就會丟掉。」這樣的答案，他聳聳肩，還惡狠狠地說「不是叫你們不要用室內的衛浴，聽不懂英文嗎？」。

只能說對羅馬留下的回憶太差，我們趕緊收拾行李逃離了那間劣質旅館。我想，下次有機會再到羅馬，我寧可多花錢住品質好的旅館，也不要付了錢卻被這樣莫名其妙的對待。

世足賽當晚在羅馬波波洛廣場上吶喊的義大利人。

黃之琦

感恩自己是個有寒暑假可以出國的中學園丁。自小嚮往流浪，曾在紅塵中迷路，最後在旅行中找到自己。2005年獨自前往泰北探險，從此愛上了自助旅行的自由自在。走過希臘、捷克、柬埔寨和以及有著滿滿紫色夢幻的夏日北海道。繼續朝全世界邁進中。

想罵老外要先
學好英文

　　這間「騙人旅店」（Patio Hotel）的網頁做得十分美觀而詳盡。

　　我們依著指示，順利地搭上電車來到了附近的街道。在Pizza店轉彎繞進停車場的時候，映入眼簾的簡直就是一片廢墟，在我們懷疑裡面會有頗具規模的青年旅館之時，就看到破舊的門前有一個小小的指示牌，告訴我們確實是這個地方沒錯。

　　正門口倒是乾淨整齊，但在Check in的時候我們遇到了第一個意外。

廢墟前的指示牌。

簡單的大門口。

首先是房價問題，櫃台人員告知應繳的費用竟然比我原先的預算多出了一倍多，我很努力地用僅會的破英語與他們溝通之後才了解，原來我當初沒看清楚他們是以「人」計價而不是以「房」計價，此外，還得加收「城市稅」，週末假日還要再加五十斯幣。繳費完畢後領取鑰匙竟然還要再付十歐元的押金。

沒看清內容的確是自己的錯，但是不怎麼優質的周遭環境和諸多繁複的規定，實在讓我開始對這間列名在《Lonely Planet》的經濟旅店的評價大打折扣。

房間更讓人失望，除了兩張床以外，連衣櫃和置物架都沒有，衛浴還是共用的。

怒火潰堤，卻敗在有限的英文字彙

心想我們大概是遇到了學生的團體旅遊，所以每隔一段時間就會聽到一群人呼嘯來去的聲音，有的時候是剛遊玩回來的談笑聲，有的時候是在廚房烹煮東西的聊天嬉鬧聲，更誇張的是，我還在剛洗完澡出來時赫然見到一個男生大刺刺地躺在地上休息。

如果關起門來就可以阻絕這一切，也許情況不至於那麼地糟，但是很遺憾地，在我們準備熄燈就寢之際，隔壁又傳來

做最好的準備，最壞的打算和最有感覺的選擇。
入境問俗，隨遇而安，才能有一段自在的旅程。

一陣陣舞曲聲及嬉鬧聲。我們躺在床上被吵得輾轉難眠，實在是很不好受。由於是我們自己的入睡時間較早（通常歐洲冬天我們都八點就睡了），所以也只能勉強自己忍受一下。

然而，時間一點一滴過去，眼看著就要凌晨了，那高分貝的舞曲聲夾雜著歡聲笑語，仍然沒有停歇的意思，我隱忍的怒氣已經到了潰堤邊緣……。終於，我揉著惺忪的睡眼走出了房門，找到了噪音的源頭，開始用力地敲打他們的房門。等待了好一會兒才有人開門，果然，一間大約六至八人的房間擠了男男女女將近二十個人，**看著他們肆無忌憚地狂歡模樣我沒來由地更加生氣，卻發現自己搜尋不到適合的英文辭彙來教訓這些乳臭未乾的孩子**，我只好深吸一口氣，盡可能地拿出「潑婦罵街」的氣勢對著他們吼叫：「Please be quiet, We can't sleep.」。

在罵人和吵架的時候，更深刻地體會到學好英文是多麼重要的一件事！

就這樣，我的「在外國罵外國人」的處女秀結束在「回國一定要好好充實自己的英文程度」的反省裡，而那些年輕人，在降低了一點音量又聚了一會兒之後才各自回房。

而這家旅店從頭到尾，除了地下室有免費上網的電腦之外，實在是難以讓人打從心底喜歡。

遇上隨性又熱情
的希臘老闆

　　徜徉在愛琴海藍白相間的海天與建築，是每個人一生中夢想一定要去一次的地方。而位於那克索斯(Naxos)的Studio Margo就是讓我們實現這個憧憬的美麗旅館。它不但價格便宜(一晚二十二歐元，是我們在希臘平均住宿的二分之一)、設備齊全(除了房內設施之外，冷氣不加價，還有好用的曬衣架)、地理位置佳(走路到港口大約十分鐘)，而且還有著極為隨性的主人，讓我們真正見識到希臘風情——一種熱帶海洋的、自在的、帶點慵懶而隨性的特質。

　　一開始要找到這家位於巷弄中的旅館還不是很容易，拿著資料連續問了好多人都只是搖頭，甚至路上還有好心人拿起

小而巧的Studio Margo門面。

了手機幫我們打電話，但是竟然無人接聽。還好後來又遇到了一位住在附近的好心人，讓我們搭便車才順利到達旅館。神奇的是，當我們終於來到Check in的櫃台，主人竟然已經在等我們了。他們就是這樣的神龍見首不見尾，想找他們得碰運氣靠緣份。

希臘老闆，你真是好心腸先生

我們被第一晚的冷氣冷到不行，隔天趕緊想多要二床被子。結果好幾次都不得其門而入。好不容易找到了，又因為大家的英文都不好而比手劃腳了好一陣子。他們的人不好找，但是出現的時候總是讓人感到非常的窩心。窗台前的曬衣架，是非常貼心而方便的設計，在艷陽高照的希臘，幾個小時衣服就曬乾了。有一個下午，我不小心在曬襪子的時候弄掉了一隻，但下去找時卻遍尋不著，不知道卡在什麼地方。午休小憩之後開門，竟赫然看到掉落的另一隻襪子就掛在房間的門把上。

為了要一捲衛生紙，我們也是跑了好幾趟才拿到。閒聊之餘提到我們的下個目的地是聖托里尼，我忽然想那間旅館有提供接送服務，但是我們卻還沒聯絡時間，於是我拿出旅館的資料請主人幫我聯繫，主人立刻答應，問了我們隔天船班

時間就幫我們撥電話聯絡，搞定之後又用他那爽朗的笑聲祝我們旅途愉快。

　　預計離開的那天，我們還在想什麼時候去Check out比較容易遇到主人，沒想到我們東西都還沒收拾好，敲門聲先響了。原來主人打算要出門了，所以請我們先繳這三天的住宿費，然後我們的房間可以隨便我們待多久，沒時間限制。

　　這樣隨性而又熱情的主人，真的是，很……希……臘。

老闆準備的貼心又方便的曬衣架。

藍窗白階充滿希臘風情的小旅館。

摩洛哥：費斯

蘇瑞銘 Ricky

旅居瑞士的台灣人，喜歡
旅遊、拍照、寫作。不論
是熱門景點或是乏人問津
的窮鄉僻壤，只要是有特
色、值得一窺究竟的地
方，我都願意前往探索，
並藉由旅行，體驗世界各
地不同的風俗民情。目前
的職業為自由文字工作
者，及在瑞士義大利語區
經營民宿。

鬼影幢幢
的摩洛哥民宿

　　摩洛哥的民宿大致上分為Riad和Dar兩
種，Riad比較高級而且附有花園，Dar則是屬於
廉價的便宜住宿，不論你選哪一種，都是體驗
當地傳統生活風格的好方法。因此來到摩洛哥
旅遊，「民宿」是許多觀光客會選擇的住宿方
式。

　　摩洛哥古城費斯(Fes)，其舊城區的街道向來
以錯綜複雜聞名，所以我想直接搭計程車前往
民宿，應該會比較保險。只是萬萬沒想到連計
程車司機都費了一番功夫，才找到這家躲在巷
子裡的民宿。值得一提的是，這民宿的外觀，
只有一扇不起眼的木門，跟旁邊其他的民宅完
全沒有兩樣，更不要說有招牌霓虹燈了。

陰暗的民宿古宅，散發出令人不寒而慄的氣氛。

民宿的老闆和他兒子們，頗有黑社會的架勢。

辦完了住房的手續後，民宿主人順便詢問我今晚是否要留在他們家用餐；我考慮到出門也許會迷路和治安等問題，便決定在民宿內吃晚餐，可以省去一些麻煩。回到房間裡，民宿主人的面貌突然浮現在我腦海中，一頭捲髮又黝黑粗獷的體格，肩膀上披著一條短毛巾，流露出印象中那種「黑社會」的調調，讓人看了有點退避三舍。

黑暗中只傳來廚房的刀叉聲

約莫晚上七點左右，心想差不多是晚餐時間了。於是我推開房門，往樓下走去，眼前黑漆漆的一片、伸手不見五指，又找不到電燈的開關在哪裡，我只好慢慢地摸黑走往樓梯間。偌大的摩洛哥古宅裡，卻只有幾根蠟燭微弱的光影，忽明忽暗地飄逸在陰森森的大廳，簡直就像鬼屋一樣，不知道主人是為了省電還是要搞出浪漫的氣氛，未免也弄得太恐怖了吧！此時，整棟房子裡，只聽到從廚房傳來的廚具和刀叉聲，不禁讓我聯想到《人肉叉燒包》的電影情節。

我心想「既然廚房傳來聲音，那主人應該是正在煮飯吧？」於是我拿著筆電坐在餐廳裡上網，同時等待著我的晚餐。半

摩洛哥古城費斯，舊城區裡的街道猶如迷宮般地複雜。

小時、一個小時、兩小時過去了，**眼看著廚房裡的燈也熄掉了，可是我的晚餐呢**，難道摩洛哥人像西班牙人一樣很晚才吃飯？我不太好意思地前往詢問主人，他先是愣了一下，然後跟我說「馬上幫我準備！」

聽老闆這樣一講和看著他尷尬的臉色，我猜他八成是忘了我有訂晚餐這回事。這個時候我早已饑腸轆轆了，眼看也沒其他辦法，所以只好再多等一會兒吧！過了幾分鐘，突然一陣霹靂啪啦的講話聲從廚房傳過來，我雖然聽不懂交談的內容，不過根據音量和高昂的語調，我肯定他們是在吵架。「是員工忘記煮我的晚餐被罵嗎？」還是「已經過了下班時間，老闆堅持叫員工煮晚餐而起了爭執呢？」我腦中掠過各種吵架的可能性。

美味晚餐澆息我的怒火

若不是有網路可以使用，此時我的忍耐已經快到極限了，真的餓到快令人抓狂！在等待將近三個小時後，也就是晚上十點左右，第一道菜「熱湯」終於上桌啦！說實話，我等了

這麼久才吃到晚餐，內心已經累積些許不爽的情緒。可是當我喝下濃湯的剎那間，那甘甜味美的湯頭徹底融化了我心中所有的不痛快。

即使整鍋鮮味的湯都是屬於我一個人的，可是我沒有打算全部喝完，畢竟肚子還是得留一點空間來品嘗前菜及主菜。果然，前菜「沙拉」及主菜「雞肉」上桌時，讓我覺得等了三個小時的晚餐總算是值得。如果說「熱湯」讓我的心情飛上枝頭，那麼「沙拉」及「雞肉」就足夠讓我衝上雲霄。

雖然等待晚餐的過程，好像就在考驗我的耐性，不過能夠有機會吃到如此道地又讓人垂涎三尺的晚餐，至少氣也都消了。難怪人家會說「想得到一個男人的心，要先滿足他的胃」。

道地的摩洛哥濃湯，融化了我內心不滿的情緒。

前菜「沙拉」，徹底地擄獲了我的五臟廟。

179

像難民營的背包旅館

　　背包客旅館對於預算有限、想節省住宿費用的旅人是不錯的選擇，基本上會住在這種地方的人，通常以學生或年輕人居多。旅行了這麼多年來，這是我第一次投宿在背包客旅館，所以也抱著一種好奇的體驗心態，因為似乎沒住過廉價青年旅館，就稱不上是真正的背包客。我想「住這種背包旅館也不錯耶，感覺自己回到了學生時代，還可以趁機認識來自各國的年輕人！」

　　其實像瑞士這種觀光相當發達的國家，背包客旅館的品質都不會太差，而且自己住在瑞士這麼多年了，我也沒有什麼需要擔心的。抵達了茵特拉根(Interlaken)之後，我和友人看著地圖，順利地找到了這家旅館。這家位於河畔的旅館，白天看似平靜無異，任誰也沒想到今晚卻潛伏著擾人的夢魘。

少女峰及山底的茵特拉根。

辦理完住宿的手續後，櫃台的服務人員跟我們寒暄一番，說道「今晚樓下的酒吧這邊會舉辦party，歡迎你們有空一起參加」。

天啊！這些房客是怎樣

由於我們已經計畫隔天一早前往少女峰，所以晚間十一點多就先回房間準備睡覺。當我躺在床上正要入睡之際，此時樓下開始傳來「蹦、蹦、蹦」的搖滾音樂聲，我才意識到樓下該不會正要開party吧？想要關上窗戶以減低音量，卻又悶熱難以入睡，所以我只好打開窗戶，試圖將嘈雜的音樂當做催眠曲。不知道睡了多久，突然間房門「碰」的一聲把我嚇醒了。仔細一聽，房門外又陸陸續續傳來尖叫聲、樓梯間的奔跑聲。「是失火了嗎？」我心中隨即閃過這個念頭。

最後我忍不住起床，走到房外瞧瞧究竟發生什麼事。結果一打開房門，就立即見到樓梯間煙霧瀰漫，不過眼前大伙兒嘻嘻哈哈的嘈雜情況，絕對不像是失火了。樓下的酒吧裡，**有人拿著啤酒盡情地聊天，有人拿著水球往對方的身上丟，有人躺在沙發上抽著(大麻)煙，有人則是手拿裝著奶油的盤子玩起砸派遊戲，還有人甚至瘋到身上只剩一件內褲，果真是非常地「水深火熱」。**

我這種人還是比教適合住飯店

見到大家都玩得這麼盡興，我也不好意思向櫃台抱怨，只好摸摸鼻子回房間睡覺。後來，我決定忍受悶熱的痛苦將窗戶關上，以隔絕樓下傳來的喧鬧聲。當然，這一晚我睡得並不好！隔天早上，當我們下樓吃早餐時，居然看到有「醉漢」就大剌剌地睡在樓梯間，牆壁上也還殘留些許奶油的痕跡，走道上的空酒瓶、垃圾散亂在各處，整間旅館混亂的情形簡直就像個難民營。我不禁懷疑，即使有街頭流浪漢偷偷跑進來窩在某處睡覺，或許也沒人會發現吧！

有了這次的住宿經驗後，**我想像我這種過慣「老人」生活的人並不適合住背包旅館。**若是下回有機會的話，我也不會排斥下榻背包旅館，不過有冷氣或是隔音好的飯店，應該更是我的首選吧！

掛滿各國國旗的背包旅館。

義大利∷Brindisi

戚縈鳳 Maggie
20歲第一次出國，就是一個人自助旅行；雖然剛開始會恐懼，但是還是值得的。因為可以訓練應變能力，還可以看到自己的另外一面。去過的國家有香港、中、日、澳、加、德、英、法、義、瑞、荷、比、奧、希臘、瑞典、挪威和峇里島，希望下次可以前進非洲。

你願意嫁給我嗎？

　　拜義大利火車延誤兩小時之賜，到達南部Brindisi已經是凌晨十二點多了。我獨自拖著大行李，惶恐不安地走在路上找旅館，還好那天正逢週末，街上還有一些人在散步，也就不至於令人感到害怕。問了幾家旅館後，終於問到我能接受的價位——雙人房三十五歐元一晚，不含早餐。

　　Check in人員是一位義大利老先生，態度和善，但是卻不讓我殺價，我還是住了！第二天中午，我就退房，把行李寄放旅館，再到街上逛逛。閒逛之際，在路邊看到一位義大利餐館老闆，很有耐心地向一對老夫婦介紹菜單；之後，他向我走來，問我是不是在找旅館？他可以為我介紹一家超值的旅館喔！說完，就手指著巷子裡的一間旅館。

　　我順勢一看發現正是自己住的那間旅館，老闆帶點驚訝說：「怎麼我都沒看到妳呢？我是這家旅館的老闆耶！」我們小聊後才知道咋晚櫃檯老先生是這位老闆的父親，聊著聊著他就建議回旅館吹冷氣比較涼快，回到旅館後我們

就在大廳繼續聊。原來這位老闆叫安東尼，聽起來頗有王公貴族的感覺，但是他的外型卻很鄉土，還有一個中廣肚。安東尼很快地就詢問起了我的年齡，並積極的邀請我。

安：「妳想要喝什麼飲料？我請妳。咖啡好不好？」

我：「謝謝！水就可以了。」

安：「妳寧願喝水，也不要喝咖啡？妳跳舞嗎？」

我：「我不會跳。」

安：「你只喝白開水，不喝咖啡，不喝酒又不跳舞，妳的人生還有什麼樂趣啊？只有彈鋼琴還是不夠啊！」

不會吧！我們認識才不到半天耶！

獅子座的安東尼雖然外型比較鄉土，但是個性直爽開朗又幽默，儼然像個Talk show的諧星。**嘻嘻哈哈聊了一段時間後，他突然問我要不要嫁給他**？我嚇了一跳！

我：「你在開玩笑吧！我們才認識不到半天耶！」

安：「我不是開玩笑！如果妳有意願，我要帶妳去見我父母。我的母親會做好吃的義大利麵和提拉米蘇招待妳，和我結婚以後，這間旅館就是妳的，現在妳眼裡所看到的一切也都會是妳的，我的就是妳的……」，他停不了的繼續說：「如果妳嫁給我，我要讓妳每天都快樂的過日子，享受人

生……帶妳去跳舞，跳舞很有趣喔！我們要生很多小孩，我最喜歡小孩了……」

我心想要住在這個小鎮肯定會悶得慌，如果老闆長得帥，或許我還可以考慮一下。雖然我對他並不感興趣，但我要離開旅館前，他依舊慷慨地從冰箱裡拿了一瓶礦泉水讓我帶走，以免我在船上口渴，然後又幫我把行李提到樓下門口。

離開前他再次強調：「以後如果再來Brindisi，一定要來看我喔！XX，My Love！答應我，永遠不要忘了我喔！」順勢給一個飛吻。雖然他不是什麼帥哥，不過我知道他是一個心地善良的人，又不現實市儈。他也給了我些很準確的資訊，省去我在巴士站浪費兩小時的候車時間(因為他發現我拿到的巴士時間表是錯誤的)。

當輪船開離港口時，我站在舺舨上，望著Brindisi最後一抹美麗的夕陽，心想如果這輩子還有機會來Brindisi，我一定會再去找他。感謝他帶給我的Brindisi之旅美好的回憶。

我和老闆安東尼於大廳合照，拍照之餘他還不忘搞笑，讓我笑到不行。

遇上型男，羅馬艷遇記

在義大利Bari的巴士上，結識了一位年輕的韓國女孩，她和我一樣都要前往羅馬旅行。於是我打算和她住同一家韓國民宿，一晚二十歐元，包早晚兩餐，而且還會有人前來火車站接待。

火車到站後，我們先在小咖啡廳旁等候，等了約莫十五分鐘，終於看到一位東方男子爬樓梯上來，對我們倆微笑，問我們是不是和他預約的房客？咦？我有些驚訝！我以為會是個歐吉桑來接，沒想到是一個年輕的韓國型男。（因為他韓文名字發音很難記得住，以下都簡稱F先生）

F原先和我用韓文交談，後來知道我是台灣人後，我們就用英文寒暄了一會兒，當下F向我搭訕並請我們兩人去喝咖啡，喝完才帶我們前往下榻的民宿。這家民宿，除了我以外全部都是韓國客人，所以聽到的對話也全是韓文。早餐是白飯、辣泡菜、蔥油餅、紫菜湯，整個韓國風的生活，令我不禁懷疑，我到底是來羅馬還是韓國旅行啊？這間民宿的經營者是中國人，我猜想F只是在此打工吧！

以前沒有去過韓國，沒想到在羅馬竟然讓我第一次品嘗到韓國泡菜，雖然我不喜歡吃辣，但味道還真的不錯呢！F坐在我旁邊用餐，還一直叫我要多練習吃辣的食物，讓我感覺他話中有話。

好個型男，真是天上飛來的禮物

　　我本來打算在這裡住三晚，但是因為看到床單上有幾根頭髮，覺得有點噁心，所以第二天就搬走了。F依舊主動幫我拖行李，直到我的新住所門口，他的殷勤讓我很感謝他！臨走前，他脫口邀約，說要帶我們去吃好吃的冰淇淋，晚上七點火車站側門口見，如果沒見到他，就不要等了，可能他臨時去接客人了。結果，當天晚上我並沒有見到他，我想我們應該也不會再見面了。

　　隔天早上，我打算去羅馬競技場，坐了幾站地鐵出來後，正在街上閒逛時，突然間，有人從我背後跑來摟住我的肩膀！我以為有人要來搶劫，嚇得魂飛魄散，心臟都要停了，當時我身上帶有約台幣四萬歐元現金呢！（因特殊緣故，我沒有辦法拿旅支。）

人滿為患的羅馬競技場。門口有一些穿著古裝的男人拿著劍和觀光客合照。

花崗岩建造的石柱加上倒影，真是充滿藝術氣息。

猛回頭一看，竟然是F先生！真沒想到會再度遇上，而且這裡離我們住的地方差好幾個地鐵站呢！原來他正在這附近慢跑，他笑容滿面地問我怎麼會在這兒？隨即又邀請我一起午餐，還報給我一家便宜又美味的餐廳，後來我們去品嘗後，果真不假。

這位F先生為了學聲樂，已經在羅馬住了七年，說著說著還當場唱起示愛的歌劇給我聽。午餐的時候，聊到年齡，他謊稱自己二十六歲，因為有一張娃娃臉，加上外型閃亮，讓我信以為真，後來知道我的年紀以後，他才老實說已三十五歲。

禮物變拉圾，豔遇真是不可靠

突然間，他對我提出以結婚為前提的交往，還說了婚後家事由他做，小孩他也會幫忙帶。為了讓我們有比較多的時間相處，了解彼此，他希望我在羅馬多住一些日子。但是我隔天出發到瑞士的火車票已買，他也願意幫我付十歐元的更改日期手續費，然後又給我手機號碼可方便找他，但是我嫌電

話費太貴了，他就說要先給我錢，讓我可以打給他。

說了這麼多甜言蜜語後，用完午餐結帳時，他沒替我買單也沒關係，竟然還要我分攤他點的礦泉水和酒的費用。怪了！剛才的甜言蜜語還言猶在耳，怎麼馬上就算得那麼清楚？我很堅持只付我點的八歐元豬排，並且告訴他，我的皮夾裡只有十歐元，他往我皮夾裡望了望，確認我真的沒什麼錢，才死心沒讓我付額外的錢。

哎！所以說，一個人說再多的甜言蜜語都沒用，看他為妳做了什麼，才是最真實的。

梵蒂岡聖彼得廣場的長廊，石柱總共284根，整體圓弧型的壯觀排列，令人震撼。

打開心世界大不同

　　剛從台灣來法國史特拉斯堡讀書時，因為還沒租到房子，所以就先暫時投宿在Rene Cassin這家青年旅館。

　　頭幾天的室友是分別是日本、俄羅斯和倫敦小姐，一如往常每天回去都會和她們哈啦一陣，倒也沒什麼特別，比較讓我小震撼的是，那位倫敦小姐竟然和我聊天時，就當我面換下Bar，害我當下不知瞄那裡才好？

　　在這裡，每天的早餐都是法國麵包、牛奶、熱可可、咖啡、果醬、奶油，千年不換，還好我也沒吃膩，能吃飽就好了！倒是室友住了幾晚就會換人，這是我不習慣的；但因為一直找不到適合的房子，所以就得待在這裡一直認識新室友。

史特拉斯堡的鐵人廣場，週邊商場百貨環繞，是假日休閒的好去處。

我的矮肥黝黑新室友

　　第二週來了一位新室友，當我開門時，真的被嚇了一跳，有種大白天看到鬼的感覺。她的長相實在令人害怕，滿臉的大痘子長在黝黑的大圓臉上，表情猙獰，沒有半點笑容，身材矮肥，喜歡打赤腳。

　　我知道不應該這樣以貌取人，但是實在難掩自己的EQ，知道她要住四晚後，打心底想忍耐下去(但是後來又追加一週，我的心情更是Down到谷底)，她應該也從我冷漠的表情中，感受到我的態度，所以她也不會主動和我聊天。

　　我是真的徹底不喜歡她，覺得自己真是很衰，房子找不到，還要和討厭的人住一起，每天心情糟透了。再加上她對衛生習慣不太在乎，我的心情更是雪上加霜，還埋怨老天為什麼要這樣對待我？她每天下午五點入寢，凌晨四、五點就起床出門，連作息也讓我感到不便。

史特拉斯堡的觀光小遊艇。在這裡住了9個月，卻一次也沒坐過。

她的外表及泰國國籍讓我警覺要格外小心金錢。我身上帶了約台幣二十幾萬的旅支和少許的歐元現金，因為找不到房子就沒有固定地址可以開戶，所以我像瘋子一樣每天帶著幾拾萬在路上走。

打開心，世界也不同了

兩天後，不知為何我漸漸改變對她的態度，開始主動和她聊天，態度從冬天變成了春天。我很友善的主動先把食物與她分享，結果她的臉上開始有了笑容，不再出現以往那種猙獰的表情。我知道她已經打開了心房！她和我一樣，住在這裡都是為了找房子，並非為了旅行，因為她和法國老公剛離婚不久，所以先搬出來住，先生負責幫她找房子。

史特拉斯堡的小法國，只要一到夏天，餐廳外的座位就坐無虛席。

這間百年古屋是史特拉斯堡的招牌景點，與湖水相輝映下，美得令人屏息。

在她住青年旅館的這段日子，她的先生和婆婆也常來探望關切她；知道她在睡覺時，就不會吵她，很體貼。本來以為她的外貌，老公應該長得不怎樣，沒想到還真是年輕斯文，令人驚訝！

往後一週裡，我和她相處得很愉快，比較熟稔以後，才發現其實她是個純樸而且待人真誠的人。她也會主動和我分享食物，漸漸地我也不在乎之前那些讓我不悅的缺點，**我想我在她身上學到了不可以貌取人，而且對任何事，也不要有先入為主的觀念。**

當我對她釋出善意後，相對地自己也得到了快樂！或許這是老天爺刻意的安排，要給我上這一課，這件事真的讓我有很大的領悟！

史特拉斯堡的拉法葉百貨，每到聖誕節前夕，都有巧克力或熱甜點免費大放送喔！

驚！靈異奈良民宿

不是疑神弄鬼，只是至今仍然不知究竟是怎麼一回事，為什麼會有這種怪現象？

第一次去日本奈良的時候，透過火車站附近的觀光案內所，免費幫我介紹一間日式住宅民宿，位於市中心附近的巷內，環境清幽，價錢也不貴，一晚約四千日元，地點非常好，就在公園附近，去任何景點都很方便。

一進玄關，就看到一排鞋子排列整齊，方向一致向外。果然是日本人！對於生活細節一絲不苟。屋裡的樣式就像哆拉A夢卡通一樣，都是木頭房子和榻榻米鋪設，房間採光明亮，感覺很舒服。整體讓我很滿意，無法挑剔。

早上可以看到很多攝影師在奈良公園裡拍櫻花。我也來拍一張！

在奈良散步時，常常看見一些野生鹿，如果你的手上
有食物，牠們會主動過來跟你要。

好有古典氣息的神社，再配上盛開的櫻花，詩意盎然。

隔壁房間停不了的聲音

　　但是晚上睡覺時，奇怪的事情發生了。從午夜開始，就一
直聽到從隔壁房間傳來沖馬桶的聲音，每次間隔約十幾秒。
剛開始不覺得有異，但是持續一段時間後，我的心裡就開始
發毛，心想那有人拉肚子拉成這樣？不合常理！而且持續了
幾小時都一樣。如果馬桶壞了，應該只有流水聲吧！我實在
想不出任何合邏輯的理由來說服自己。

　　冷氣也是不斷地有「嘰嘰拐拐」的聲音。奇怪？我也沒開
冷氣！（當時正逢春天，氣溫不到十度，自然不需要開）而且
牆上還掛了一尊佛像，這讓我很難不胡思亂想，就連掛在牆
上的長型鏡子，我也不敢亂照，深怕萬一看到不該看的。

　　在這種情形下，我決定一直開著人燈，不只開燈，連電視
也得開著。就這樣我在榻榻米上翻來覆去半小時後，還是睡
不著，最後只好熄燈，僅留下電視的聲光，我還特別選擇充

平時不要看太多的靈異片或故事，
投宿旅館時，就能減少一分恐懼。

滿熱鬧氣氛的節目。但是越晚，電視節目也越來越安靜；越是寂靜，那沖馬桶的聲音也就愈大聲。

結果我整晚沒睡好，天就亮了，而且那些怪聲音也都沒了。本來好奇想詢問房東察明原因，後來想想也只是住一晚，就懶得問了（其實是自己的日文爛）。退房的時候，房東望著我神情有些怪異，我心想：「難道你也覺得我房間怪怪的嗎？」就算我當時去問他，他肯定也不會告訴我什麼。

一個人住宿的時候，碰到任何怪事，都得自己面對。倘若當時有兩個人，那就有伴壯膽，不用孤軍奮鬥了。想想，如果在碰到「那種」事情的時候神經線能大條一些，反而是一種幸福。所以，還是不要想太多，會比較好過一點！

我在這寺廟前，不小心找了一個腦筋怪怪的日本人幫我照相，還好他不是壞人。

當個聰明的
背包客

BACKPACKER

背包客旅館 16 問

文／吳靜雯

Q1 什麼是背包客與背包客旅館？

背包客的名詞來自英文的Backpacker，也就是背著背包旅行者，大部分是指以有限的預算做長途旅行，一切行程規劃、住宿都自己來，因此常有一些背包客的私密行程或與當地人更緊密的交流。好玩的是，中國將這樣的旅行者稱為「驢友」(取自「旅友」的諧音)。這其實還蠻貼切的，因為大部分的背包客是耐走又耐操，可以跟一群人一起躺在火車站前過夜，也可以野外搭帳篷與大自然共眠，或者多人一起共用一間房，一起組個打呼合唱團。

Q2 怎樣才算具足背包客精神？

還記得小時候阿公阿媽的進香團，或是救國團山區野外的青年活動中心，都是大家一起打通舖過夜，其實我們老早就有背包客旅館的形式在運作了。不過正式掀起這股風潮的是1909年時一位德國老師Richard Schirrman跟自然保護家Wilhelm Münker提倡這樣的住宿，讓學校團體到鄉間體驗大自然的生活，也因此掀起了全球青年旅館風。所以一般青年旅館除了提供短期住宿之外，還有許多戶外活動的行程，鼓勵年輕人到戶外探險，因此在一些國家公園內或比較荒野的地方，也常會看到YHA的身影，為的就是提供大自然愛好者一個溫暖的住宿。

而為了鼓勵交流，青年旅館中通常會有交誼空間，像是客廳(例如在蘇格蘭這種較寒冷的地方，有些青年旅館的客廳還有柴燒壁爐，相當溫馨)、閱讀室、共用廚房、視聽室、上網中心、撞球台、吧台等，有些青年旅館甚至推出免費晚餐活動，每天晚上七點開始提供免費的披薩，讓所有房客聚集在一起，彷彿每天晚上都有Party似的。

背包客旅館的主要精神就是大家共用一間房，一來可以省住宿費，二來，是哪一世修來的緣分，讓原本生活在地球上各角落的人，能夠一起在某個

城市的某間房間共枕眠，而這樣短暫的激情緣分，總是很容易讓氣味相投的人滔滔不絕的分享自己在旅途及人生上的點點滴滴。即使你是自己一個人旅行，只要回到背包客旅館，永遠都找得到人聊天，或者找到那個城市的旅伴。我還曾經在曼谷遇到幾位中美洲的女孩子，他們其實一開始彼此都不認識，在澳洲旅行時同住一間青年旅館相識的，覺得氣味相投，竟然一起踏上世界之旅了。人生一些很重要的回憶，或是想也想不到的驚喜，可能就這樣與原本不認識的陌生人共同譜出。

尤其是背包客旅館通常有交流廳或共用廚房，讓各位旅客可以坐下來跟其他房客聊天，或在廚房一鍋一鏟間，分享第一手旅行資訊。當你人還在泰國時，可能就已經知道抵達印度可以住哪一家旅館、有哪些好玩的地方了。尤其是會選擇住青年旅館的朋友，似乎都是抱著我要來跟大家分享或炫燿一下自己旅途上的豐功偉績，再加上旅行在外總能讓人拋下原本的一些束縛，以更開放的心接觸世界，所以在青年旅館或其他背包旅館中所遇到的人，總散發出一種更無拘無束，想盡情表現出自己的獨特性，以及一顆隨時要與人分享、聊天的心。

③ 背包客旅館的有多少種類型？

目前的背包旅館最為人所知的是青年旅館，另外還有一些民宿也會規劃出幾間Dorm(多人共用一間房)的服務，而最近的沙發客更是背包客流行的旅行方式，透過沙發客網站互相交換住宿。

而人家所熟知的青年旅館(Youth Hostel)中，最知名的是Hostel International的YHA(Youth Hostel Association)聯盟、Backpackers、及YMCA/YWCA。感覺上YHA聯盟與YMCA/YWCA管理比較嚴謹一點，品質會在水準之上，但也因此感覺比較制式化一點。而Backpackers較傾向於溫馨、想營造出家的感覺。

④ 背包客旅館的設備會不會很陽春？

　　如果是青年旅館的話，通常會有上下舖或一人一床位的房間(Dorm)，一間房間從四至十二床不等，有些房間會含衛浴設備，有些北歐的青年旅館甚至房間內就設有廚具，不過大部分較便宜的房間都是共用衛浴。到當地才訂房的話，除了先看房間，也記得看看共用衛浴是否乾淨。另外，有些東南亞國家因為氣候較炎熱，所以只有冷水，浴室並不提供熱水。Dorm的話，另外還有男女分開及男女混合的房間，訂房時可依個人喜好選擇。

　　除了多人共用的房間之外，現在許多青年旅館也提供雙人房、三人房及四人以上的家庭房，有些還包括露營區，一般市郊的青年旅館都有提供停車位。青年旅館內一般也會有洗衣及烘衣設備，有些有提供洗衣粉，有些則須另外付費。通常是投幣式的，有些東南亞國家則可以請旅館送洗。電腦上網幾乎是必備的，不過大部分仍需收費，有些則提供免費無線上網。大部分旅館也可讓房客寄放行李，有些免費，有些則酌收少許管理費。

　　除了一般的青年旅館之外，現在還有許多主題式青年旅館，有些是以有機青年旅館為訴求，除了床單、油漆、茶飲、食物都是環保有機產品之外，有些甚至還規劃禪坐或打太極的空間，以提供一個提升心靈的住宿環境。另外有些青年旅館，則打出精品設計旅館的品質及青年旅館的價位來吸引客人，有些則打出Resort度假旅館形式的平價青年旅館。現在的主題式青年旅館可說是越來越多樣化了。

青年旅館內附設的圖書室。(圖片提供／吳靜雯)

要如何著手訂房？

　　有些人認為一定要是青年才能入住青年旅館，其實並不是這樣，有時候在青年旅館內也會看到六、七十歲以上的老年人。如果是YHA聯盟的青年旅館，有加入會員的話，會比非會員便宜。若是長期旅行，會住很多家該聯盟的青年旅館，可以辦理一年有效的YHA會員證(出發之前先入會或者到當地的青年旅館再購買均可)。如果是非會員的話，也可以住青年旅館，許多青年旅館也有家庭房，北歐一些青年旅館打造得跟民宿一樣溫馨、漂亮，因此也有許多家庭出遊時會選擇住宿青年旅館，不但住宿環境優雅，又可藉由青年旅館的設備認識更多人。

　　可事先上青年旅館聯盟的網站，網站上會列出全球各地的青年旅館，只要依照自己的目的地找尋，就可在網路上直接預訂。除了聯盟的官方網站之外，目前也有許多青年旅館的聯合網站，像是Hostelbookers網站，它所列出的不只是青年旅館而已，還包括各城市的便宜旅館。有些網站需要信用卡才能預訂，否則可直接跟旅館連絡，以email或電話預訂。有些會收取一些預訂金，有些則可免費預訂，請務必仔細閱讀訂房規定。

Hostelbookers
http://www.hostelbookers.com

YHA聯盟
http://www.yha.com

Bookhostels
http://reservations.bookhostels.com

Backpackers
http://www.backpackers.com

沙發客交流網站
http://www.couchsurfing.org

⑥ 在背包客旅館住宿要留意哪些事？

*偷竊：由於是共用房間，有些青年旅館有提供鎖及櫃子，有些並沒有，有些有提供櫃子，自己要準備鎖。重要物品一定要隨身攜帶，也不要把東西遺放在浴室或公共場所，沒有安全櫃的青年旅館，可將貴重物品，像是手提電腦，寄放在櫃檯。睡覺時最好把重要物品放在身邊或枕頭下。若是每個人有房間鑰匙者(通常需押金)，記得出門時要隨手鎖門。

*安全：建議單人旅行的女生盡量住Female Dorm女生房，因為有時可能會遇到只有自己和另一位房客的情況，尤其是在比較荒野的旅館，通常房客較少，管理也較鬆散。

*噪音：每個房客回房睡覺的時間不一樣，房門可能會開來開去，關燈時間也不一定。有時候遇到青年學生團體會比較吵，還有打呼問題。建議攜帶眼罩跟耳塞。

*衛生習慣：有些人的衛生習慣可能比較不好，味道會比較重一點，尤其是在熱帶國家旅行的遊客。

電腦等貴重物品切記存放好，以免招竊遺失。
(圖片提供 / 余信儀)

⑦ 住一晚大概要多少錢？便宜嗎？

歐美的青年旅館約15至30歐元，東南亞的青年旅館從5至25美元不等，中國約5至10美元，紐澳則是5至20歐元左右。市郊的住宿通常比市區還要便宜，但也需要多花錢在時間和交通上，這點可自己衡量是否划算。大部分青年旅館都還會收取鑰匙押金，退房時退費。有些推出連續一週或更長時間的特惠價，住較長時間的可以詢問櫃檯可否給優惠。

⑧ Q 沒有隱私權會不會沒安全感？

多人共用沒有什麼隱私權，有些房客會把浴巾或圍巾掛在床邊，就有自己的小空間，不過大部分住慣青年旅館的，都已經很習慣在房內直接換衣服了。

十人房住滿情況。
(圖片提供 / 余信儀)

⑨ Q 夜歸是不是都有關門時間？

很多青年旅館都有夜間關門的規定，入住時要記得先詢問清楚，夜歸要怎麼開門。若是晚班機的，也要事先聯絡好是否可等門Check in。

⑩ Q 背包客旅館會不會附早餐？

大部分背包客旅館為響應青年省錢旅遊，都有提供簡單的早餐(歐洲通常是非常簡單的麵包、飲料而已)，有些則沒有或需另外付費。

青年旅館提供的早餐。(圖片提供 / Denehouse)　大家在廚房準備早餐。(圖片提供 / 余信儀)

⑪ Q 可不可以使用冰箱？

共用廚房使用後記得清理乾淨。若有提供冰箱，最好將自己的東西用塑膠袋包起來寫上名字，以免搞混或被人誤用了。

Q12 如何事先知道旅館位置是不是偏遠？

訂房時要先查看地圖，了解該旅館的位置，有些雖然便宜，但交通相當不方便。訂房資訊通常會詳細描述抵達方式，最好是有地鐵或公車抵達者。訂好房間後，可將地圖列印出來，以便到當地問路用。到當地如有任何問題也可打電話詢問旅館，有些有提供接機或到火車站、巴士站接客的服務。

Q13 如何可以找到最便宜的旅館？

訂房時除了到各個訂房中心的網站查詢價錢外，也可直接到該旅館的官方網站詢價，或許該旅館有推出特惠方案，會比訂房網站便宜。記得多比價。

Q14 人到了當地要怎麼找到青年旅館？

如果沒有事先預訂的話，到當地可以詢問旅遊服務中心、或找尋導覽書介紹的青年旅館，另外也可在路上或交通工具上詢問其他背包客，也是相當好的找尋方式，大家一起交流，或許可找到背包客間口耳相傳的便宜住宿，這也是認識其他朋友的最好方式，或許才剛到(或還沒到)一個新城市，就已經找到新旅伴了。

找當地的旅遊服務中心。
(圖片提供／余信儀)

⑮ 去青年旅館住有哪些東西一定要先準備？

　　＊**盥洗用具**：一般青年旅館並不提供盥洗用具，需自行準備。

　　＊**鎖**：若有提供櫃子的，可將自己的重要物品鎖在櫃中。

　　＊**睡袋**：不習慣使用旅館被單者，可自行攜帶睡袋或小被子。

⑯ 我適不適合住青年旅館？

　　入住青年旅館就要有心理準備可能要面對八人共睡一間的吵鬧，或者獨自一人獨霸一間大房的空蕩。不過只要有一顆開放的心，就可以在旅館內找到志同道合的朋友，可以一起照應、一起遊玩，文化與心靈的交流，更是入住青年旅館最可貴的地方。

一定要懂的背包客旅館密碼

認識這些小符號，可以幫助你在尋找背包旅館時，找到最符合你需求的一間，以下圖示為YHA系統範例。

 旅館地址。

 電話、傳真等通訊聯絡方式。

 說明旅館的房間數和房間型態。

 表示旅館房間的價位區間。

 旅館內附設哪些軟硬體的說明，如房間打掃、廚房、洗衣機、有無免費提供咖啡等。

 距離可以買到食物的商店有多遠。

 附近可以參觀的景點有哪些。

 Pub、夜店等娛樂場所的距離。

和公車站的距離。

和火車站的距離。

 和最近機場的距離。

 和下一個城市的距離。

 旅館有附餐的服務。

 有提供電視。

 有附設游泳池。

 有可以烤肉的場地。

 提供單車租借。

 停車場。

 可上網。

 為無障礙空間。

旅行教室02

背包客旅館

| 作　　者 | 太雅旅遊作家群 |
| 圖　　片 | 太雅旅遊作家群 |

總 編 輯	張芳玲
主　　編	謝樹華
特約編輯	林云也
美術設計	許志忠
封面設計	李見見

太雅出版社
TEL：(02)2836-0755　FAX：(02)2831-8057
E-MAIL：taiya@morningstar.com.tw
郵政信箱：台北市郵政53-1291號信箱
太雅網址：http://taiya.morningstar.com.tw
購書網址：http://www.morningstar.com.tw

發 行 所　　太雅出版有限公司
　　　　　　行政院新聞局局版台業字第五○○四號

承　　裝　　知己圖書股份有限公司　台中市107工業區30路1號
　　　　　　TEL：(04)2358-1803

總 經 銷　　知己圖書股份有限公司
　　　　　　台北公司　台北市10646羅斯福路二段95號4樓之3
　　　　　　TEL：(02)2367-2044　FAX：(02)2363-5741
　　　　　　台中公司　台中市40768工業區30路1號
　　　　　　TEL：(04)2359-5819　FAX：(04)2359-5493
　　　　　　郵政劃撥　15060393
　　　　　　戶　　名　知己圖書股份有限公司

廣告刊登　　太雅廣告部
　　　　　　TEL：(02)2836-0755　E-mail：taiya@morningstar.com.tw

初　　版　　西元2009年11月1日
定　　價　　270元
(本書如有破損或缺頁，請寄回本公司發行部
更換，或撥讀者服務專線04-23595819)

ISBN　978-986-6629-54-9
Published by TAIYA Publishing Co.,Ltd.
Printed in Taiwan

國家圖書館出版品預行編目資料

背包客旅／太雅旅遊作家群　作.
──初版.──臺北市：太雅，2009.11
面；　公分.──（旅行教室：2）
ISBN　978-986-6629-54-9　（平裝）

1.遊記　2.自助旅行　3.旅館　4.世界地理
719　　　　　　　　　　　　　98016350

很高興您選擇了太雅出版社的「旅行教室」系列，陪伴您一起快樂旅行。只要將以下資料填妥回覆，您就是「旅行生活俱樂部」的會員，將能收到最新出版的電子報訊息。

這次購買的書名是： **背包客旅館**(旅行教室02)

1.姓名：_____ 性別：□男 □女

2.出生：民國 _____ 年 _____ 月 _____ 日

3.您的電話：_____ E-mail：_____

　地址：郵遞區號□□□ _____

4.您的職業類別是：□製造業 □家庭主婦 □金融業 □傳播業 □商業 □自由業 □服務業
　　　　　　　　　□教師 □軍人 □公務員 □學生 □其他

5.每個月的收入：□18,000以下 □18,000~22,000 □22,000~26,000 □26,000~30,000
　□30,000~40,000 □40,000~60,000 □60,000以上

6.您是如何知道這本書的出版？□_____報紙的報導 □_____報紙的出版廣告
　□_____雜誌 □_____廣播節目 □_____網站 □書展
　□逛書店時無意中看到的 □朋友介紹 □太雅生活館的其他出版品上

7.讓您決定購買這本書的最主要理由是？ □封面看起來很有質感 □內容清楚，資料實用
　□題材剛好適合 □價格可以接受 □資訊夠豐富 □內頁精緻 □知識容易吸收 □其他

8.您會建議本書哪個部分，一定要再改進才可以更好？為什麼？

9.您是否已經帶著這本書開始旅行？使用這本書的心得是？有哪些建議？

10.您平常最常看什麼類型的書？□檢索導覽式的旅遊工具書 □心情筆記式旅行書
　□食譜 □美食名店導覽 □美容時尚 □其他類型的生活資訊 □兩性關係及愛情
　□其他

11.您計畫中，未來想要學習的嗜好、技能是？ 1._____ 2._____

　3._____ 4._____ 5._____

12.您平常隔多久會去逛書店？□每星期 □每個月 □不定期隨興去

13.您固定會去哪類型的地方買書？□_____連鎖書店 □_____傳統書店

　□_____便利超商 □_____網路書店 □其他

14.哪些類別、哪些形式、哪些主題的書是您一直有需要，但是一直都找不到的？

15.您曾經購買過太雅其他哪些書籍嗎？

填表日期：_____ 年 _____ 月 _____ 日

廣　告　回　信
台灣北區郵政管理局登記證
北 台 字 第 1 2 8 9 6 號
免　貼　郵　票

太雅出版社　編輯部收

10699 台北郵政53～1291號信箱
電話：(02)2836-0755

傳真：**02-2831-8057**
(若用傳真回覆，請先放大影印再傳真，謝謝！)

太雅出版社

有品味的生活學習，從太雅出版社開始